まえがき

　本書の目的は、小・中・高等学校における道徳教育の理論と指導法を検討することである。「第1部　道徳教育の理論」(第1章から第6章)では、日本の道徳教育の現状を述べ、代表的な道徳教育の理論を検討する。「第2部　道徳の指導法」(第7章から第9章)では、道徳の教材分析と指導法を取り上げる。

　「第1章　小・中・高等学校の道徳教育」では、小・中・高等学校における道徳教育の現状、特徴を述べ、課題を指摘する。「第2章　道徳の教科化の課題」では、道徳の教科化の課題を指摘する。「第3章　L・コールバーグの道徳教育論」では、道徳の発達段階を検討する。「第4章　価値の明確化の方法」では、価値の明確化の方法を検討し、長所と短所を指摘する。「第5章　人格教育」では、人格教育の概要を述べる。「第6章　人格教育批判」では、徳は道徳的判断において役に立たないことを指摘する。

　「第7章　道徳のジレンマ授業批判」では、道徳のジレンマ資料を批判し、望ましい資料の条件を述べる。「第8章　小・中・高等学校における道徳の指導法」では、小学校向きの二宮金次郎を、中・高等学校向きの杉原千畝の命のビザとトルコ軍艦エルトゥールル号の遭難を取り上げる。「第9章　ディベートによる道徳教育」では、ディベートが道徳教育の方法として有望であること、アクティブ・ラーニングの方法として役立つことを指摘する。

　本書の出版に際して、中部日本教育文化会の方々にお世話になった。心よりお礼を申し上げる。

　平成28年8月

著　者

目次

まえがき

第1部　道徳教育の理論

第1章　小・中・高等学校の道徳教育
1　小学校の道徳教育　2
2　中学校の道徳教育　20
3　高等学校の道徳教育　33
4　小・中・高等学校の道徳教育の特徴　37
5　小・中・高等学校の道徳教育の課題　37

第2章　道徳の教科化の課題
1　教育再生実行会議と有識者会議の提言　41
2　道徳の基本的課題　46
3　道徳の教科化によって生ずる課題　50

第3章　L・コールバーグの道徳教育論
1　道徳とは何か　60
2　道徳の発達段階　65
3　道徳教育の目標と内容・方法　72

第4章　価値の明確化の方法
1　「道徳化」と価値が関係する行動　84
2　価値の明確化の目的　87
3　価値の理論　89
4　価値の明確化の方法論　95
5　価値の明確化の方法の評価　105

第5章　T・リコーナの人格教育
1　道徳の衰退　114
2　人格教育とは何か　117
3　学校における道徳教育　119

4　人格教育の内容　122
　5　よい人格の構成要素　125
　6　人格教育の方法　128
第6章　人格教育批判
　1　人格教育という言葉　132
　2　人格と徳　137
　3　徳と道徳的判断　142

第2部　道徳の指導法

第7章　道徳のジレンマ授業批判
　1　道徳のジレンマ資料　151
　2　道徳のジレンマの目標　155
　3　道徳のジレンマ資料の内容　160
　4　望ましい資料の条件　164
第8章　小・中・高等学校における道徳の指導法
　1　中央教育審議会答申における道徳の取り扱い　168
　2　道徳の教材の具備すべき要件　169
　3　二宮金次郎の教材分析　171
　4　杉原千畝の命のビザの教材分析　183
　5　トルコ軍艦エルトゥールル号の遭難　191
　6　道徳指導案の作成　196
第9章　ディベートによる道徳教育
　1　従来の道徳教育の方法　204
　2　ディベートとは何か　210
　3　ディベートの教育的意義　214
　4　道徳教育とディベート　217
　5　アクティブ・ラーニングとディベート　219
あとがき

第1部　道徳教育の理論

第1章　小・中・高等学校の道徳教育

はじめに

　2015年(平成27年)に、小・中学校及び特別支援学校小学部・中学部「学習指導要領」の中の道徳教育関連の部分が改訂され、告示された。小学校は2018年(平成30年)4月から、中学校は2019年(平成31年)4月から実施される。2015年(平成27年)4月から2017年(平成29年)の教育課程編成については、学習指導要領の特例として、全部又は一部について、前倒しが実施できるようにされた。小・中学校及び特別支援学校小学部・中学部の道徳が、「特別の教科である道徳」と規定された。この改訂によって、我が国の小・中・高等学校の道徳教育は良くなるのであろうか。

　本章の目的は、子どもの道徳教育を理解するため、小・中・高等学校の道徳教育を比較検討し、その特徴と課題を明らかにすることである。第1に、小学校の道徳教育の現状を分析する。一部改正「小学校学習指導要領」における道徳教育の方針を確認し、道徳教育の内容を概観する。道徳教育推進教師の役割を述べ、配慮する事項を紹介する。第2に、中学校の道徳教育の現状を分析する。一部改正「中学校学習指導要領」における道徳教育の方針を確認し、道徳教育の内容を概観する。道徳教育推進教師の役割を述べ、指導計画作成と内容の取扱いを確認し、配慮する事項を紹介する。第3に、高等学校の道徳教育の現状を分析する。「高等学校学習指導要領」における道徳教育の方針を確認する。道徳と公民の関連を探究し、現代社会と倫理の目標と内容を検討する。第4に、小・中・高等学校の道徳教育の特徴を指摘する。第5に、小・中・高等学校の道徳教育の課題を指摘する。

1 小学校の道徳教育
(1) 道徳教育の方針
　2008年(平成20年)3月28日に告示された「小学校学習指導要領」では、道徳教育が「総則」と「道徳」において取り扱われていた。まず、「第1章　総則　第1　教育課程編成の一般的方針　2」では、道徳教育の方針が、次のように述べられていた。

　　「学校における道徳教育は、道徳の時間を要(かなめ)として学校の教育活動全体を通じて行うものであり、道徳の時間はもとより、各教科、外国語活動、総合的な学習の時間及び特別活動のそれぞれの特質に応じて、児童の発達の段階を考慮して、適切な指導を行わなければならない。

　　道徳教育は、教育基本法及び学校教育法に定められた教育の根本精神に基づき、人間尊重の精神と生命に対する畏敬の念を家庭、学校、その他社会における具体的な生活の中に生かし、豊かな心を持ち、伝統と文化を尊重し、それらをはぐくんできた我が国と郷土を愛し、個性豊かな文化の創造を図るとともに、公共の精神を尊び、民主的な社会及び国家の発展に努め、他国を尊重し、国際社会の平和と発展や環境の保全に貢献し未来を拓く主体性のある日本人を育成するため、その基盤としての道徳性を養うことを目標とする。

　　道徳教育を進めるに当たっては、教師と児童及び児童相互の人間関係を深めるとともに、児童が自己の生き方についての考えを深め、家庭や地域社会との連携を図りながら、集団宿泊活動やボランティア活動、自然体験活動などの豊かな経験を通して児童の内面に根ざした道徳性の育成が図られるよう配慮しなければならない。その際、特に児童が基本的生活習慣、社会生活上のきまりを身に付け、善悪を判断し、人間としてしてはならないことをしないようにすることなどに配慮しなければならない。」

　この中の「生命」は、「命」とも表記される。1998年(平成10年)版「小学校学習指導要領」と2008年(平成20年)版「小学校学習指

導要領」を比較すると、いくつかのことが付け加えられている。

　第1に、道徳教育は、「道徳の時間を要(かなめ)として」、「学校の教育活動全体を通じて行う」とされている。これは、「道徳の時間」と「学校の教育活動全体」との関連を明らかにしたものとして理解できる。小学校では、道徳の時間が特設されている。道徳教育は、「道徳の時間」だけではなく、「学校の教育活動全体」において実施される。

　第2に、「外国語活動」においても、道徳教育の指導を行うとされている。外国語活動は、第5学年と第6学年に導入されたものであり、外国語は、「英語を取り扱うことを原則」としている。外国語活動では、「積極的にコミュニケーションを図ろうとする態度の育成を図」ることが目指されている。

　第3に、「児童の発達の段階を考慮して」、道徳の指導を行うとされている。

　第4に、「伝統と文化を尊重し、それらをはぐくんできた我が国と郷土を愛」することが新たに付け加えられている。教育基本法第2条の教育の目標　五　では、「伝統と文化を尊重し、それらをはぐくんできた我が国と郷土を愛するとともに、他国を尊重し、国際社会の平和と発展に寄与する態度を養うこと」が述べられており、いわゆる愛国心を教えることが主張されている。

　第5に、「公共の精神を尊び」が付け加えられている。「公共の精神」についても、教育基本法第2条の教育の目標　三　が、「正義と責任、男女の平等、自他の敬愛と協力を重んずるとともに、公共の精神に基づき、主体的に社会の形成に参画し、その発展に寄与する態度を養うこと」と述べており、教育基本法の前文の中の「公共の精神を尊び」を受けた形になっている。

　第6に、「児童が自己の生き方についての考えを深め」が付け加えられている。1998年(平成10年)版「小学校学習指導要領」では、「自己の生き方」を学習することは、含まれていなかった。「児童が自己の生き方について」学習することは、中学校段階で実施するこ

とであった。

　第7に、「集団宿泊活動」が付け加えられた。児童の道徳性に役立つ体験活動のひとつとして、ボランティア活動と並んで「集団宿泊活動」が付け加えられた。

　第8に、「その際、特に児童が基本的生活習慣、社会生活上のきまりを身に付け、善悪を判断し、人間としてしてはならないことをしないようにすることなどに配慮しなければならない」が付け加えられた。児童の道徳性に役立つ体験活動を実施するときに配慮することが、付け加えられた。配慮することの例示として、①「基本的生活習慣」の確立、②「社会生活上のきまりを身に付け」ること、③「善悪を判断し、人間としてしてはならないことをしないようにすること」が示された。

　2014年(平成26年)10月21日付けの中央教育審議会答申「道徳に係る教育課程の改善等について」では、道徳に係る教育課程の改善方策として、次の6項目が示されている。
① 道徳の時間を「特別の教科 道徳」(仮称)として位置付ける。
② 目標を明確で理解しやすいものに改善する。
③ 道徳の内容をより発達の段階を踏まえた体系的なものに改善する。
④ 多様で効果的な道徳教育の指導方法へと改善する。
⑤ 「特別の教科 道徳」(仮称)に検定教科書を導入する。
⑥ 一人一人のよさを伸ばし、成長を促すための評価を充実する。
　「小学校学習指導要領解説　特別の教科　道徳編」では、「第1章 総説　1 改訂の経緯」の中で、この答申の説明の中で、「道徳教育の目標と『特別の教科 道徳』(仮称)の目標の関係を明確にすること」を付け加えている(注1)。

　中教審の答申では、その他の改善が求められる事項として、次の3項目が示されている。
① 教員の指導力向上。
② 教員免許や大学の教員養成課程の改善。

③ 幼稚園、高等学校、特別支援学校における道徳教育の充実。

以上の改善方策に基づいて、小学校と中学校の学習指導要領及び特別支援学校小学部・中学部学習指導要領が一部改正された。一部改正「小学校学習指導要領」は、2018年(平成30年)から全面実施される。2015年(平成27年)4月1日から、移行措置として、一部又は全部を実施することが可能である。

2015年(平成27年)3月27日に告示された、一部改正「小学校学習指導要領」では、道徳教育が「第1章総則」と「第3章道徳」において取り扱われている。まず、「第1章総則　第1 教育課程編成の一般的方針　2」では、道徳教育の方針が、次のように述べられている。

「学校における道徳教育は、特別の教科である道徳(以下「道徳科」という。)を要として学校の教育活動全体を通じて行うものであり、道徳科はもとより、各教科、外国語活動、総合的な学習の時間及び特別活動のそれぞれの特質に応じて、児童の発達の段階を考慮して、適切な指導を行わなければならない。

道徳教育は、教育基本法及び学校教育法に定められた教育の根本精神に基づき、自己の生き方を考え、主体的な判断の下に行動し、自立した人間として他者と共によりよく生きるための基盤となる道徳性を養うことを目標とする。

道徳教育を進めるに当たっては、人間尊重の精神と生命に対する畏敬の念を家庭、学校、その他社会における具体的な生活の中に生かし、豊かな心を持ち、伝統と文化を尊重し、それらを育んできた我が国と郷土を愛し、個性豊かな文化の創造を図るとともに、平和で民主的な国家及び社会の形成者として、公共の精神を尊び、社会及び国家の発展に努め、他国を尊重し、国際社会の平和と発展や環境の保全に貢献し未来を拓(ひら)く主体性のある日本人に資することとなるよう特に留意しなければならない。」

一部改正「小学校学習指導要領」では、次のことが変更されている。

第1に、道徳の時間が教科になったので、「特別の教科である道徳」、「道徳科」という言葉が使用されている。小学校の「道徳科」は2018年(平成30年)から、中学校では2019年(平成31年)から実施される。
　第2に、児童の「主体的な判断」が重視され、目標については、「よりよく生きるための基盤となる道徳性を養うことを目標とする」ことが明記されている。
　第3に、「主体性のある日本人」を育成することを中心としている。「人間尊重の精神」、「生命に対する畏敬の念」などは、「主体性のある日本人」を育成するための内容説明に位置付けられている。

(2) 道徳教育の目標

　2008年(平成20年)版「小学校学習指導要領　第3章道徳　第1目標」には、小学校の道徳教育の目標が、次のように述べられていた。
　　「道徳教育の目標は、第1章総則の第1の2に示すところにより、学校の教育活動全体を通じて、道徳的な心情、判断力、実践意欲と態度などの道徳性を養うこととする。
　　道徳の時間においては、以上の道徳教育の目標に基づき、各教科、外国語活動、総合的な学習の時間及び特別活動における道徳教育と密接な関連を図りながら、計画的、発展的な指導によってこれを補充、深化、統合し、道徳的価値の自覚及び自己の生き方についての考えを深め、道徳的実践力を育成するものとする。」
　1998年(平成10年)版「小学校学習指導要領」と2008年(平成20年)版「小学校学習指導要領」を比較すると、2つのことが付け加えられている。
　第1に、「外国語活動」が付け加えられている。これは、小学校の教育課程の中に、新たに「外国語活動」が含まれるようになったためである。この場合の「外国語」は、「英語を取り扱うことを原則」としている。「外国語活動」の目標は、外国語を用いて「コミュニケ

ーション能力の素地を養う」ことである。

　第2に、「自己の生き方についての考えを深め」が、付け加えられている。これは、フリーターやアルバイトなどの非正規雇用者が増えている社会状況の中で、小学校から職業に対する意識を高めることが要請されたためであると推測できる。

　次に、道徳的な心情、判断力、実践意欲と態度などは、道徳の様相とも呼ばれる。道徳的な心情は、道徳的価値を望ましいものとして受け入れ、それを実現することを喜び、それに反することを憎む感情のことである。判断力は、それぞれの場面において善悪を判断する能力であり、人間として望ましい生き方をしていくための基本的な能力である。実践意欲と態度は、道徳的判断や道徳的心情によってよしとする行動をとろうとする傾向を意味している。これは道徳的価値の実現を求める人格の持続的な傾向であり、具体的行動への身構えとも言える。特に、道徳的な「態度」は、道徳的判断や道徳的心情を基礎とし、それに裏づけられながら行動に向かって動機づけられている状態である。

　道徳的実践力は、望ましい行動ができるようになるための内面的な資質である。道徳の時間では、具体的な道徳的実践を指導するわけではない。道徳的価値の内面化をはかることが、「道徳的実践力」を育成することになる。たとえば、教室にゴミが落ちていたら、すぐその場で拾うように教師が生徒に指示することは、道徳的実践の指導である。一方、常に清潔にするような態度を育成することは、「道徳的実践力」の指導になる。

　道徳の様相は、「計画的、発展的な指導によってこれを補充、深化、統合」するとしている。「計画的、発展的な指導」とは、小学校ごとに道徳教育の全体計画、年間指導計画、さらに学級ごとに指導案が作成され、それらの計画に基づいて指導が行われることを意味している。

　「補充、深化、統合」とは、各教科、外国語活動、総合的な学習の時間、特別活動における偶然的、断片的、部分的な道徳教育を深

化、統合したり、不十分な点を道徳の時間で補充したりすることである。

2015年(平成27年)版「小学校学習指導要領 第3章特別の道徳 第1目標」には、小学校の道徳教育の目標が、次のように述べられている。

　「第1章総則の第1の2に示す道徳教育の目標に基づき、よりよく生きるための基盤となる道徳性を養うため、道徳的諸価値についての理解を基に、自己を見つめ、物事を多面的・多角的に考え、自己の生き方についての考えを深める学習を通して、道徳的な判断力、心情、実践意欲と態度を育てる。」

2015年(平成27年)版「小学校学習指導要領」では、次のことが変更されている。

第1に、道徳教育の目標の一部が、「第3 指導計画の作成と内容 の取扱い」に移されている。「小学校学習指導要領解説　特別の教科 道徳編」によれば、「道徳の時間の目標に定めていた『各教科等との密接な関連』や『計画的、発展的な指導による補充、深化、統合』は、『第3 指導計画の作成と内容の取扱い』に整理した上で、表現を改めた」とされている(注2)。

第2に、道徳的な問題に対して、思考力を養うことが強調されている。「道徳的価値」から「道徳的諸価値」に変更され、複数の価値が認められている。「物事を多面的・多角的に考え」ることは、道徳的な問題を取り扱う時に、複数の立場をとることを示している。賛成側と反対側の両方の理由を考えること、自分と異なる意見を考えることが奨励されている。問題は、「多面的・多角的に考え」られるような道徳の教材が手に入るかどうかである。

第3に、「道徳的な判断力、心情、実践意欲と態度」とされ、「道徳的な判断力」が初めに置かれるようになった。判断力は善悪を判断する能力であるが、「自己を見つめ, 物事を多面的・多角的に考え、自己の生き方についての考えを深める学習」を進めるときの思考力と関係していると推測できる。思考力は児童に必要とされる能力で

あり、教師の説明をそのまま受け取る、受身的な学習とは異なっている。アクティブ・ラーニングにおいても、児童が能動的に授業に参加することが求められている。特に、「物事を多面的・多角的に考え」るためには、グループ・ディスカッションなどを通して、他者の意見に触れたり、異なる立場の考え方を知ったりすることが大切である。

　第4に、「道徳的実践」と「道徳実践力」という言葉が使用されていない。代わりに、「実践意欲」という言葉が使用されているだけである。「道徳的実践」と「道徳実践力」という言葉については、わかりにくいことが反省されたと理解できる。実践よりも「判断力」が重視され、考える道徳又は考えさせる道徳が主張されるようになった。

(3) 道徳教育の内容

　1998年(平成10年)版「小学校学習指導要領」と2008年(平成20年)版「小学校学習指導要領」の道徳の内容を比較すると、変更点は、「第2に示す各学年段階ごとの内容項目は相当する学年においてすべて取り上げること」になったことである。2008年(平成20年)版「小学校学習指導要領　第3章道徳　第2内容」では、最初に説明の部分が付け加えられている。

　　　「道徳の時間を要(かなめ)として学校の教育活動全体を通じて
　　　行う道徳教育の内容は、次のとおりとする。」

　第1学年及び第2学年の内容では、4　主として集団や社会とのかかわりに関すること　の中に、「(2)　働くことのよさを感じて、みんなのために働く。」が付け加えられた。

　1998年(平成10年)版「小学校学習指導要領」の第3学年及び第4学年の内容では、1　主として自分自身に関すること　の中の「(2)よく考えて行動し、過ちは素直に改める。」が廃止された。代わりに、2008年(平成20年)版「小学校学習指導要領」の第3学年及び第4学年の内容では、1　主として自分自身に関すること　の中で「(1)

自分でできることは自分でやり、よく考えて行動し、節度のある生活をする。(4) 過ちは素直に改め、正直に明るい心で元気よく生活する。」に改められた。そして、「(5) 自分の特徴に気付き、よいところを伸ばす。」が付け加えられた。

　第5学年及び第6学年の内容では、1　主として自分自身に関すること　の中で「(1)　生活習慣の大切さを知り、自分の生活を見直し、節度を守り節制に心掛ける。」に改められた。

　2015年(平成27年)版「小学校学習指導要領　第3章特別の教科道徳　第2内容」では、道徳の内容が一部入れ替えられたり、付け加えられたりしている。

　「学校の教育活動全体を通じて行う道徳教育の要である道徳科においては、以下に示す項目について扱う。
　A 主として自分自身に関すること
〔善悪の判断、自律、自由と責任〕
　〔第1学年及び第2学年〕
　　よいことと悪いこととの区別をし、よいと思うことを進んで行うこと。
　〔第3学年及び第4学年〕
　　正しいと判断したことは、自信をもって行うこと。
　〔第5学年及び第6学年〕
　　自由を大切にし、自律的に判断し、責任のある行動をすること。
〔正直、誠実〕
　〔第1学年及び第2学年〕
　　うそをついたりごまかしをしたりしないで、素直に伸び伸びと生活すること。
　〔第3学年及び第4学年〕
　　過ちは素直に改め、正直に明るい心で生活すること。
　〔第5学年及び第6学年〕
　　誠実に、明るい心で生活すること。

［節度、節制］
　〔第1学年及び第2学年〕
　　健康や安全に気を付け、物や金銭を大切にし、身の回りを整え、わがままをしないで、規則正しい生活をすること。
　〔第3学年及び第4学年〕
　　自分でできることは自分でやり、安全に気を付け、よく考えて行動し、節度のある生活をすること。
　〔第5学年及び第6学年〕
　　安全に気を付けることや、生活習慣の大切さについて理解し、自分の生活を見直し、節度を守り節制に心掛けること。
［個性の伸長］
　〔第1学年及び第2学年〕
　　自分の特徴に気付くこと。
　〔第3学年及び第4学年〕
　　自分の特徴に気付き、長所を伸ばすこと。
　〔第5学年及び第6学年〕
　　自分の特徴を知って、短所を改め長所を伸ばすこと。
［希望と勇気、努力と強い意志］
　〔第1学年及び第2学年〕
　　自分のやるべき勉強や仕事をしっかりと行うこと。
　〔第3学年及び第4学年〕
　　自分でやろうと決めた目標に向かって、強い意志をもち、粘り強くやり抜くこと。
　〔第5学年及び第6学年〕
　　より高い目標を立て、希望と勇気をもち、困難があってもくじけずに努力して物事をやり抜くこと。
［真理の探究］
　〔第5学年及び第6学年〕
　　真理を大切にし、物事を探究しようとする心をもつこと。

B 主として人との関わりに関すること
［親切、思いやり］
　〔第1学年及び第2学年〕
　　身近にいる人に温かい心で接し、親切にすること。
　〔第3学年及び第4学年〕
　　相手のことを思いやり、進んで親切にすること。
　〔第5学年及び第6学年〕
　　誰に対しても思いやりの心をもち、相手の立場に立って親切にすること。
［感謝］
　〔第1学年及び第2学年〕
　　家族など日頃世話になっている人々に感謝すること。
　〔第3学年及び第4学年〕
　　家族など生活を支えてくれている人々や現在の生活を築いてくれた高齢者に、尊敬と感謝の気持ちをもって接すること。
　〔第5学年及び第6学年〕
　　日々の生活が家族や過去からの多くの人々の支え合いや助け合いで成り立っていることに感謝し、それに応えること。
［礼儀］
　〔第1学年及び第2学年〕
　　気持ちのよい挨拶、言葉遣い、動作などに心掛けて、明るく接すること。
　〔第3学年及び第4学年〕
　　礼儀の大切さを知り、誰に対しても真心をもって接すること。
　〔第5学年及び第6学年〕
　　時と場をわきまえて、礼儀正しく真心をもって接すること。
［友情、信頼］
　〔第1学年及び第2学年〕
　　友達と仲よくし、助け合うこと。
　〔第3学年及び第4学年〕

　　　　友達と互いに理解し、信頼し、助け合うこと。
　〔第5学年及び第6学年〕
　　　　友達と互いに信頼し、学び合って友情を深め、異性についても理解しながら、人間関係を築いていくこと。
［相互理解、寛容］
　〔第3学年及び第4学年〕
　　　　自分の考えや意見を相手に伝えるとともに、相手のことを理解し、自分と異なる意見も大切にすること。
　〔第5学年及び第6学年〕
　　　　自分の考えや意見を相手に伝えるとともに、謙虚な心をもち、広い心で自分と異なる意見や立場を尊重すること。
C　主として集団や社会とのかかわりに関すること
［規則の尊重］
　〔第1学年及び第2学年〕
　　　　約束やきまりを守り、みんなが使う物を大切にすること。
　〔第3学年及び第4学年〕
　　　　約束や社会のきまりの意義を理解し、それらを守ること。
　〔第5学年及び第6学年〕
　　　　法やきまりの意義を理解した上で進んでそれらを守り、自他の権利を大切にし、義務を果たすこと。
［公正、公平、社会正義］
　〔第1学年及び第2学年〕
　　　　自分の好き嫌いにとらわれないで接すること。
　〔第3学年及び第4学年〕
　　　　誰に対しても分け隔てをせず、公正、公平な態度で接すること。
　〔第5学年及び第6学年〕
　　　　誰に対しても差別をすることや偏見をもつことなく、公正、公平な態度で接し、正義の実現に努めること。
［勤労、公共の精神］

〔第1学年及び第2学年〕
　　働くことのよさを知り、みんなのために働くこと。
　〔第3学年及び第4学年〕
　　働くことの大切さを知り、進んでみんなのために働くこと。
　〔第5学年及び第6学年〕
　　働くことや社会に奉仕することの充実感を味わうとともに、その意義を理解し、公共のために役に立つことをすること。
［家族愛、家庭生活の充実］
　〔第1学年及び第2学年〕
　　父母、祖父母を敬愛し、進んで家の手伝いなどをして、家族の役に立つこと 。
　〔第3学年及び第4学年〕
　　父母、祖父母を敬愛し、家族みんなで協力し合って楽しい家庭をつくること。
　〔第5学年及び第6学年〕
　　父母、祖父母を敬愛し、家族の幸せを求めて、進んで役に立つことをすること。
［よりよい学校生活、集団生活の充実］
　〔第1学年及び第2学年〕
　　先生を敬愛し、学校の人々に親しんで、学級や学校の生活を楽しくすること。
　〔第3学年及び第4学年〕
　　先生や学校の人々を敬愛し、みんなで協力し合って楽しい学級や学校をつくること。
　〔第5学年及び第6学年〕
　　先生や学校の人々を敬愛し、みんなで協力し合ってよりよい学級や学校をつくるとともに、様々な集団の中での自分の役割を自覚して集団生活の充実に努めること。
［伝統と文化の尊重、国や郷土を愛する態度］
　〔第1学年及び第2学年〕

我が国や郷土の文化と生活に親しみ、愛着をもつこと。
　〔第3学年及び第4学年〕
　　我が国や郷土の伝統と文化を大切にし、国や郷土を愛する心をもつこと。
　〔第5学年及び第6学年〕
　　我が国や郷土の伝統と文化を大切にし、先人の努力を知り、国や郷土を愛する心をもつこと。
［国際理解、国際親善］
　〔第1学年及び第2学年〕
　　他国の人々や文化に親しむこと。
　〔第3学年及び第4学年〕
　　他国の人々や文化に親しみ、関心をもつこと。
　〔第5学年及び第6学年〕
　　他国の人々や文化について理解し、日本人としての自覚をもって国際親善に努めること。
D 主として生命や自然、崇高なものとの関わりに関すること
［生命の尊さ］
　〔第1学年及び第2学年〕
　　生きることのすばらしさを知り、生命を大切にすること。
　〔第3学年及び第4学年〕
　　生命の尊さを知り、生命あるものを大切にすること。
　〔第5学年及び第6学年〕
　　生命が多くの生命のつながりの中にあるかけがえのないものであることを理解し、生命を尊重すること。
［自然愛護］
　〔第1学年及び第2学年〕
　　身近な自然に親しみ、動植物に優しい心で接すること。
　〔第3学年及び第4学年〕
　　自然のすばらしさや不思議さを感じ取り、自然や動植物を大切にすること。

〔第5学年及び第6学年〕
　　自然の偉大さを知り、自然環境を大切にすること。
　［感動、畏敬の念］
　〔第1学年及び第2学年〕
　　美しいものに触れ、すがすがしい心をもつこと。
　〔第3学年及び第4学年〕
　　美しいものや気高いものに感動する心をもつこと。
　〔第5学年及び第6学年〕
　　美しいものや気高いものに感動する心や人間の力を超えたものに対する畏敬の念をもつこと。
　［よりよく生きる喜び］
　〔第5学年及び第6学年〕
　　よりよく生きようとする人間の強さや気高さを理解し、人間として生きる喜びを感じること。」

　2015年(平成27年)版「小学校学習指導要領」では、新たに次のことが変更されている。第1に、内容項目の4つの視点は同じであるが、3つ目と4つ目を入れ替えた。すなわち、「A 主として自分自身に関すること」「B 主として人との関わりに関すること」「C 主として集団や社会との関わりに関すること」「D 主として生命や自然、崇高なものとの関わりに関すること」という順番になった。Bについては、「他の人」から「人」に変更された。

　第2に、内容項目については、語句を付け加えたり、別の言葉に置き換えたりしている。たとえば、「A 主として自分自身に関すること」の中の「第1学年及び第2学年 (ア)」では、「自分のよさを生かし伸ばすことを重視して『自分の特徴に気付くこと』を新たに加え」ている。「(イ)」では、「より主体性をもって努力できるようにするために『自分がやらなければならない勉強や仕事』を『自分のやるべき勉強や仕事』に改め」られている。中には、言葉を置き換える理由がはっきりと説明されていないものが含まれている。

　第3に、内容項目の全体を理解しやすいように、「内容を端的に

表す言葉を付記したものを見出しにして」いる。たとえば、「A 主として自分自身に関すること」の中の小学校第1学年及び第2学年の(1)は、「よいことと悪いこととの区別をし、よいと思うことを進んで行うこと。」である。小見出しには、「内容を端的に表す言葉」として、「善悪の判断、自律、自由と責任」が記載されている。この小見出しは、徳を分類した細目という意味で、徳目と呼ばれていたものである。しかし、徳目という言葉は、学習指導要領で使用されていない。

(4) 道徳教育推進教師

2008年(平成20年)版「小学校学習指導要領　第3章道徳　第3指導計画作成と内容の取扱い　1」では、新たに道徳教育推進教師について触れている。

　「各学校においては、校長の方針の下に、道徳教育の推進を主に担当する教師(以下「道徳教育推進教師」という。)を中心に、全教師が協力して道徳教育を展開するため、次に示すところにより、道徳教育の全体計画と道徳の時間の年間指導計画を作成するものとする。(以下略)」

また、同3の配慮すべき事項のひとつとして、「校長や教頭などの参加、他の教師との協力的な指導などについて工夫し、道徳教育推進教師を中心とした指導体制を充実すること」が示されている。道徳教育推進教師は、「道徳教育の推進を主に担当する教師」と説明されている。しかし、これ以外の説明は、「小学校学習指導要領」には書かれていない。道徳教育推進教師の資質は何であろうか。道徳教育の指導体制として、何をすべきであろうか。道徳教育を充実するためには、多くの課題を解決しなければならない。

2015年(平成27年)版「小学校学習指導要領　第3章特別の教科道徳　第3指導計画の作成と内容の取扱い　2(1)」では、配慮する事項として、2008年(平成20年)版「小学校学習指導要領」と同じ説明がされている。道徳教育推進教師を中心として、学校全体で道

徳教育を実施していくことが述べられている。道徳教育が効果をあげるかどうかは道徳教育推進教師にかかっているので、道徳教育推進教師の役割は重大である(注3)。

(5) 配慮する事項
　2008年(平成20年)版「小学校学習指導要領」では、小学校の道徳の時間に配慮する事項として、2つが部分的に修正され、3つが新たに付け加えられている。
　部分的修正のひとつは、「道徳教育推進教師を中心とした」指導体制を充実することである。もうひとつは、「集団宿泊活動」やボランティア活動、自然体験活動などの体験活動を生かすことが求められている。
　次に、次の3点が、新たに付け加えられている。
① 先人の伝記、自然、伝統と文化、スポーツなどを題材とし、児童が感動を覚えるような魅力的な教材の開発や活用を通して、児童の発達の段階や特性等を考慮した創意工夫ある指導を行うこと。
② 自分の考えを基に、書いたり話し合ったりするなどの表現する機会を充実し、自分とは異なる考えに接する中で、自分の考えを深め、自らの成長を実感できるよう工夫すること。
③ 児童の発達の段階や特性等を考慮し、第2に示す道徳の内容との関連を踏まえ、情報モラルに関する指導に留意すること。
　1番目の「先人の伝記、自然、伝統と文化、スポーツなどを題材と」することについては、それほど目新しいことではない。1998年(平成10年)版「小学校学習指導要領」においては、配慮する事項の中に記載されてはいない。しかし、題材を選定するときに、「先人の伝記」などは、既に取り入れられている。
　2番目の「書いたり話し合ったりするなどの表現する機会を充実」することについては、道徳と国語の関連を重視することを意味している。小学校の道徳の時間では、内容を取り扱うときに、国語の能力も必要とされている。

3番目の「情報モラルに関する指導に留意すること」については、携帯電話やパソコンの有害サイトに関わる問題が、背景にある。学校裏サイトやネットいじめは、相当の被害を出している。有害サイトへのアクセスを制限するフィルタリング・サービスの機能も、開発されている。しかし、フィルタリング・サービスの機能は、完全ではない。携帯電話やパソコンの使い方を指導しなければならない。2015年(平成27年)版「小学校学習指導要領」では、配慮する事項として、次のことが記載されている。

「(1) 校長や教頭などの参加、他の教師との協力的な指導などについて工夫し、道徳教育推進教師を中心とした指導体制を充実すること。

(2) 道徳科が学校の教育活動全体を通じて行う道徳教育の要としての役割を果たすことができるよう、計画的・発展的な指導を行うこと。特に、各教科、外国語活動、総合的な学習の時間及び特別活動における道徳教育としては取り扱う機会が十分でない内容項目に関わる指導を補うことや、児童や学校の実態等を踏まえて指導をより一層深めること、内容項目の相互の関連を捉え直したり発展させたりすることに留意すること。

(3) 児童が自ら道徳性を養う中で、自らを振り返って成長を実感したり、これからの課題や目標を見付けたりすることができるよう工夫すること。その際、道徳性を養うことの意義について、児童自らが考え、理解し、主体的に学習に取り組むことができるようにすること。

(4) 児童が多様な感じ方や考え方に接する中で、考えを深め、判断し、表現する力などを育むことができるよう、自分の考えを基に話し合ったり書いたりするなどの言語活動を充実すること。

(5) 児童の発達の段階や特性等を考慮し、指導のねらいに即して、問題解決的な学習、道徳的行為に関する体験的な学習等を適切に取り入れるなど、指導方法を工夫すること。その際、それらの活動を通じて学んだ内容の意義などについて考えることができるよ

うにすること。また、特別活動等における多様な実践活動や体験活動も道徳科の授業に生かすようにすること。
(6) 児童の発達の段階や特性等を考慮し、第2に示す内容との関連を踏まえつつ、情報モラルに関する指導を充実すること。また、児童の発達の段階や特性等を考慮し、例えば、社会の持続可能な発展などの現代的な課題の取扱いにも留意し、身近な社会的課題を自分との関係において考え、それらの解決に寄与しようとする意欲や態度を育てるよう努めること。なお、多様な見方や考え方のできる事柄について、特定の見方や考え方に偏った指導を行うことのないようにすること。
(7) 道徳科の授業を公開したり、授業の実施や地域教材の開発や活用などに家庭や地域の人々、各分野の専門家等の積極的な参加や協力を得たりするなど、家庭や地域社会との共通理解を深め、相互の連携を図ること。」
　この中の(2)では、学校の教育活動全体を通して、道徳教育を計画的に進めることが述べられている。(3)では、児童が自ら道徳的な課題を発見し、主体的に学習に取り組むことが述べられている。(4)では、児童の思考力、判断力などを育成するため、言語活動を充実することが述べられている。(5)では、問題解決的な学習、体験的な学習などを取り入れ、指導方法を工夫することが述べられている。(6)では、情報モラルを指導することが述べられている。(7)では、道徳の授業を家庭や地域の人々に公開するなどして、連携を深めることが述べられている。

2　中学校の道徳教育
(1) 道徳教育の方針
　2008年(平成20年)3月28日に告示された「中学校学習指導要領」では、道徳教育が「総則」と「道徳」において取り扱われている。まず、「第1章総則　第1教育課程編成の一般的方針　2」では、道徳教育の方針が、次のように述べられている。

「学校における道徳教育は、道徳の時間を要として学校の教育活動全体を通じて行うものであり、道徳の時間はもとより、各教科、総合的な学習の時間及び特別活動のそれぞれの特質に応じて、生徒の発達の段階を考慮して、適切な指導を行わなければならない。

道徳教育は、教育基本法及び学校教育法に定められた教育の根本精神に基づき、人間尊重の精神と生命に対する畏敬の念を家庭、学校、その他社会における具体的な生活の中に生かし、豊かな心を持ち、伝統と文化を尊重し、それらをはぐくんできた我が国と郷土を愛し、個性豊かな文化の創造を図るとともに、公共の精神を尊び、民主的な社会及び国家の発展に努め、他国を尊重し、国際社会の平和と発展や環境の保全に貢献し未来を拓く主体性のある日本人を育成するため、その基盤としての道徳性を養うことを目標とする。

道徳教育を進めるに当たっては、教師と生徒及び生徒相互の人間関係を深めるとともに、生徒が道徳的価値に基づいた人間としての生き方についての自覚を深め、家庭や地域社会との連携を図りながら、職場体験活動やボランティア活動、自然体験活動などの豊かな経験を通して生徒の内面に根ざした道徳性の育成が図られるよう配慮しなければならない。その際、特に生徒が自他の生命を尊重し、規律ある生活ができ、自分の将来を考え、法やきまりの意義の理解を深め主体的に社会の形成に参画し、国際社会に生きる日本人としての自覚を身に付けるようにすることなどに配慮しなければならない。」

「小学校学習指導要領」と比較すると、「中学校学習指導要領」の道徳教育の記述は、次の特徴を持っている。

第1に、小学校の「外国語活動」は、各教科の中に外国語が含まれているので、記述が見当たらない。中学校では、外国語は、「英語を取り扱うことを原則」としていない。

第2に、「児童」が「生徒」に変更されている。

第3に、「生徒が道徳的価値に基づいた人間としての生き方についての自覚を深め」となっており、小学校の「児童が自己の生き方についての考えを深め」よりも、さらに踏み込んだ表現になっている。
　第4に、小学校の「集団宿泊活動」に代わり、「職場体験活動」が付け加えられている。「集団宿泊活動」では、基本的生活習慣の確立が目指され、「職場体験活動」では、職業教育の一環としての活動が目指されている。
　第5に、生徒の道徳性に役立つ体験活動を実施するときに配慮することが、小学校とは異なる表現で指摘されている。すなわち、「生徒が自他の生命を尊重し、規律ある生活ができ、自分の将来を考え、法やきまりの意義の理解を深め主体的に社会の形成に参画し、国際社会に生きる日本人としての自覚を身に付けるようにすることなどに配慮しなければならないとされている。配慮することの例示として、①「自他の生命を尊重」すること、②「規律ある生活」をすること、③「自分の将来を考え」ること、④「法やきまりの意義の理解を深め主体的に社会の形成に参画」すること、⑤「国際社会に生きる日本人としての自覚を身に付けるようにすること」が示されている。中学生に対しては、かなりの期待がかけられている。
　2015年(平成27年)版「「中学校学習指導要領　第1章総則　第1教育課程編成の一般的方針　2」では、道徳教育の方針が、次のように述べられている。
　　「学校における道徳教育は、特別の教科である道徳（以下『道徳科』という。）を要として学校の教育活動全体を通じて行うものであり、道徳科はもとより、各教科、総合的な学習の時間及び特別活動のそれぞれの特質に応じて、生徒の発達の段階を考慮して、適切な指導を行わなければならない。道徳教育は、教育基本法及び学校教育法に定められた教育の根本精神に基づき、人間としての生き方を考え、主体的な判断の下に行動し、自立した人間として他者と共によりよく生きるための基盤となる道徳性を養うこと

を目標とする。
　道徳教育を進めるに当たっては、人間尊重の精神と生命に対する畏敬の念を家庭、学校、その他社会における具体的な生活の中に生かし、豊かな心をもち、伝統と文化を尊重し、それらを育んできた我が国と郷土を愛し、個性豊かな文化の創造を図るとともに、平和で民主的な国家及び社会の形成者として、公共の精神を尊び、社会及び国家の発展に努め、他国を尊重し、国際社会の平和と発展や環境の保全に貢献し未来を拓(ひら)く主体性のある日本人の育成に資することとなるよう特に留意しなければならない。」

2015年(平成27年)版「「中学校学習指導要領」では、次のことが変更されている。

第1に、道徳の時間が「特別の教科　道徳」に位置付けられ、道徳の時間が教科のひとつになった。道徳の時間が教科に位置付けられても、小学校と中学校の道徳教育は、二重構造である。ひとつは、「特別の教科　道徳」を「要」として、道徳教育の中心に置くことである。もうひとつは、道徳教育は「学校の教育活動全体を通じて行う」ことが確認されたことである。

第2に、「特別の教科　道徳」においても、アクティブ・ラーニングを取り入れることが示されていると理解できる。「主体的な判断」、「主体性のある日本人の育成」という言葉は、児童・生徒が授業に能動的に参加するというアクティブ・ラーニングを連想させる。

(2) 道徳教育の目標

2008年(平成20年)版「中学校学習指導要領　第3章道徳　第1目標」には、中学校の道徳教育の目標が、次のように述べられている。

　「道徳教育の目標は、第1章総則の第1の2に示すところにより、学校の教育活動全体を通じて、道徳的な心情、判断力、実践意欲と態度などの道徳性を養うこととする。

道徳の時間においては、以上の道徳教育の目標に基づき、各教科、総合的な学習の時間及び特別活動における道徳教育と密接な関連を図りながら、計画的、発展的な指導によってこれを補充、深化、統合し、道徳的価値及びそれに基づいた人間としての生き方についての自覚を深め、道徳的実践力を育成するものとする。」
　小学校と比較すると、中学校の道徳教育の目標は、次の2つのことが特徴的である。
　第1に、「外国語活動」は各教科に含まれるので、見当たらない。
　第2に、「道徳的価値及びそれに基づいた人間としての生き方」とされ、小学校の「自己の生き方についての考えを深め」よりも、広く「道徳的価値」をとらえ、「生き方についての自覚を深め」ることが述べられている。
　2015年(平成27年)版「中学校学習指導要領　第3章特別の教科道徳　第1目標」では、道徳教育の目標が、次のように述べられている。
　「第1章総則の第1の2に示す道徳教育の目標に基づき、よりよく生きるための基盤となる道徳性を養うため、道徳的諸価値についての理解を基に、自己を見つめ、物事を広い視野から多面的・多角的に考え、人間としての生き方についての考えを深める学習を通して、道徳的な判断力、心情、実践意欲と態度を育てる。」
　中学校の道徳教育の目標は、小学校の目標と同じである。小学校と中学校の道徳教育に一貫性を持たせるために、目標の記述を同じにしたと理解できる。小学校と比較すると、中学校の場合、生徒の判断力などが一層高くなっているので、使用する教材の難易度も高度なものでなければならない。

(3) 道徳教育の内容

　2008年(平成20年)版「中学校学習指導要領　第3章道徳　第2内容」では、小学校と同様に、「第2に示す内容項目はいずれの学年においてもすべて取り上げること」とされ、中学校においても、

内容項目の取り扱いが難しくなっている。
　第1に、中学校で取り扱う内容項目については、2　主として他の人とのかかわりに関すること　の中に、「(6)　多くの人々の善意や支えにより、日々の生活や現在の自分があることに感謝し、それにこたえる。」が付け加えられた。
　第2に、3　主として自然や崇高なものとのかかわりに関すること　では、順番が入れ替わり、生命の尊重が1番に、畏敬の念が2番になっている。
　第3に、4　主として集団や社会とのかかわりに関すること　でも、法ときまりが1番目に、集団生活の向上が4番目になっている。
　順番を入れ替えるためには、それ相当の理由付けが必要である。しかし、この理由付けがはっきりとは理解できない。もし1番目に配置された項目が、最も重要なものであれば、生命の尊重、法ときまりが、最も重要なものになる。
2015年(平成27年)版「中学校学習指導要領　第3章特別の教科道徳　第2内容」では、次のように述べられている。
　「学校の教育活動全体を通じて行う道徳教育の要である道徳科においては、以下に示す項目について扱う。
　A　主として自分自身に関すること
　　[自主、自律、自由と責任]
　　　自律の精神を重んじ、自主的に考え、判断し、誠実に実行してその結果に責任をもつこと。
　　[節度、節制]
　　　望ましい生活習慣を身に付け、心身の健康の増進を図り、節度を守り節制に心掛け、安全で調和のある生活をすること。
　　[向上心、個性の伸長]
　　　自己を見つめ、自己の向上を図るとともに、個性を伸ばして充実した生き方を追求すること。
　　[希望と勇気、克己と強い意志]
　　　より高い目標を設定し、その達成を目指し、希望と勇気をも

ち、困難や失敗を乗り越えて着実にやり遂げること。
　［真理の探究、創造］
　　真実を大切にし、真理を探究して新しいものを生み出そうと努めること。
B　主として人との関わりに関すること
　［思いやり、感謝］
　　思いやりの心をもって人と接するとともに、家族などの支えや多くの人々の善意により日々の生活や現在の自分があることに感謝し、進んでそれに応え、人間愛の精神を深めること。
　［礼儀］
　　礼儀の意義を理解し、時と場に応じた適切な言動をとること。
　［友情、信頼］
　　友情の尊さを理解して心から信頼できる友達をもち、互いに励まし合い、高め合うとともに、異性についての理解を深め、悩みや葛藤も経験しながら人間関係を深めていくこと。
　［相互理解、寛容］
　　自分の考えや意見を相手に伝えるとともに、それぞれの個性や立場を尊重し、いろいろなものの見方や考え方があることを理解し、寛容の心をもって謙虚に他に学び、自らを高めていくこと。
C　主として集団や社会との関わりに関すること
　［遵法精神、公徳心］
　　法やきまりの意義を理解し、それらを進んで守るとともに、そのよりよい在り方について考え、自他の権利を大切にし、義務を果たして、規律ある安定した社会の実現に努めること。
　［公正、公平、社会正義］
　　正義と公正さを重んじ、誰に対しても公平に接し、差別や偏見のない社会の実現に努めること。
　［社会参画、公共の精神］
　　社会参画の意識と社会連帯の自覚を高め、公共の精神をもっ

てよりよい社会の実現に努めること。
[勤労]
　勤労の尊さや意義を理解し、将来の生き方について考えを深め、勤労を通じて社会に貢献すること。
[家族愛、家庭生活の充実]
　父母、祖父母を敬愛し、家族の一員としての自覚をもって充実した家庭生活を築くこと。
[よりよい学校生活、集団生活の充実]
　教師や学校の人々を敬愛し、学級や学校の一員としての自覚をもち、協力し合ってよりよい校風をつくるとともに、様々な集団の意義や集団の中での自分の役割と責任を自覚して集団生活の充実に努めること。
[郷土の伝統と文化の尊重、郷土を愛する態度]
　郷土の伝統と文化を大切にし、社会に尽くした先人や高齢者に尊敬の念を深め、地域社会の一員としての自覚をもって郷土を愛し、進んで郷土の発展に努めること。
[我が国の伝統と文化の尊重、国を愛する態度]
　優れた伝統の継承と新しい文化の創造に貢献するとともに、日本人としての自覚をもって国を愛し、国家及び社会の形成者として、その発展に努める こと。
[国際理解、国際貢献]
　世界の中の日本人としての自覚をもち、他国を尊重し、国際的視野に立って、世界の平和と人類の発展に寄与すること。

D　主として生命や自然、崇高なものとの関わりに関すること
[生命の尊さ]
　生命の尊さについて、その連続性や有限性なども含めて理解し、かけがえのない生命を尊重すること。
[自然愛護]
　自然の崇高さを知り、自然環境を大切にすることの意義を理解し、進んで自然の愛護に努めること。

［感動、畏敬の念］
　美しいものや気高いものに感動する心をもち、人間の力を超えたものに対する畏敬の念を深めること。
［よりよく生きる喜び］
　人間には自らの弱さや醜さを克服する強さや気高く生きようとする心があることを理解し、人間として生きることに喜びを見いだすこと。」
　中学校における道徳の内容項目は、次の特徴を持っている。
　第1に、小学校のように学年別の記載ではなく、中学校の3年間を見通した内容構成になっている。
　第2に、小学校と同じように、「内容を端的に表す言葉」が付け加えられている。
　第3に、小学校と同じように、内容項目の4つの視点は同じであるが、3つ目と4つ目を入れ替えた。

(4) 道徳教育推進教師

　2008年(平成20年)版「中学校学習指導要領　第3章道徳　第3指導計画作成と内容の取扱い　1」では、小学校と同様にして、新たに道徳教育推進教師について触れている。中学校についても、道徳教育推進教師は、「道徳教育の推進を主に担当する教師」であるという説明だけである。
　「3の配慮する事項」の中でも、「学級担任の教師が行うことを原則とする」ことに付け加えて、「道徳教育推進教師を中心とした指導体制を充実すること」も、はっきりと書かれている。
　2015年(平成27年)版「中学校学習指導要領　第3章　道徳　第3指導計画の作成と内容の取扱い　2　(1)」の中で、道徳教育推進教師が、次のように説明されている。
　「学級担任の教師が行うことを原則とするが、校長や教頭などの参加、他の教師との協力的な指導などについて工夫し、道徳教育推進教師を中心とした指導体制を充実すること。」

道徳教育推進教師のすべきことは、学校の中で道徳教育を進めるときに、中心的な役割を果たすことである。各中学校に道徳教育推進教師を配置すると、約5000人の教師が必要になる。小学校で約21000人の教師が必要になることを考えると、人材の養成が課題となる。

(5) 指導計画作成と内容の取扱い

　2008年(平成20年)版「中学校学習指導要領　第3章道徳　第3指導計画作成と内容の取扱い　1(3)」では、「特に、規律ある生活ができ、自分の将来を考え、国際社会に生きる日本人としての自覚が身に付くようにすることなどに配慮し」(1998年(平成10年)版「中学校学習指導要領」)が、大幅に書き換えられている。すなわち、「生徒の発達段階と特性等を踏まえ、指導内容の重点化を図ること、特に、自他の生命を尊重し、規律ある生活ができ、自分の将来を考え、法やきまりの意義の理解を深め、主体的に社会の形成に参画し、国際社会に生きる日本人としての自覚を身に付けるようにすることなどに配慮し」と書き換えられている。

　付け加えられた言葉は、①生徒の発達段階と特性等を踏まえること、②自他の生命の尊重、③法やきまりの意義の理解、④主体的に社会の形成に参画すること、である。これらの中で、①を除き、残りはすべて、内容項目の中に含まれている。

　2015年(平成27年)版「中学校学習指導要領」第3章道徳　第3指導計画作成と内容の取扱い　1」　では、「道徳教育の全体計画に基づき、各教科、総合的な学習の時間及び特別活動との関連に考慮しながら、道徳科の年間指導計画を作成する」とされている。また、「3学年間を見通した重点的な指導や内容項目間の関連を密にした指導」が勧められている。

(6) 配慮する事項

　2008年(平成20年)の中学校指導要領では、中学校の道徳の時間

に配慮する事項として、2つが部分的に修正され、3つが付け加えられている。

部分的修正のひとつは、「道徳教育推進教師を中心とした」指導体制を充実することである。もうひとつは、「職場体験活動」やボランティア活動、自然体験活動などの体験活動を生かすことが求められている。

次に、小学校と同様に、3点が新たに付け加えられている。小学校との違いは、「職場体験活動」だけである。

2015年(平成27年)版「中学校学習指導要領 第3章道徳 第3指導計画作成と内容の取扱い 2」では、「配慮する事項」を、次のように説明している。

「(1) 学級担任の教師が行うことを原則とするが、校長や教頭などの参加、他の教師との協力的な指導などについて工夫し、道徳教育推進教師を中心とした指導体制を充実すること。

(2) 道徳科が学校の教育活動全体を通じて行う道徳教育の要としての役割を果たすことができるよう、計画的・発展的な指導を行うこと。特に、各教科、総合的な学習の時間及び特別活動における道徳教育としては取り扱う機会が十分でない内容項目に関わる指導を補うことや、生徒や学校の実態等を踏まえて指導をより一層深めること、内容項目の相互の関連を捉え直したり発展させたりすることに留意すること。

(3) 生徒が自ら道徳性を養う中で、自らを振り返って成長を実感したり、これからの課題や目標を見付けたりすることができるよう工夫すること。その際、道徳性を養うことの意義について、生徒自らが考え、理解し、主体的に学習に取り組むことができるようにすること。また、発達の段階を考慮し、人間としての弱さを認めながら、それを乗り越えてよりよく生きようとすることのよさについて、教師が生徒と共に考える姿勢を大切にすること。

(4) 生徒が多様な感じ方や考え方に接する中で、考えを深め、判断し、表現する力などを育むことができるよう、自分の考えを基

に討論したり書いたりするなどの言語活動を充実すること。その際、様々な価値観について多面的・多角的な視点から振り返って考える機会を設けるとともに、生徒が多様な見方や考え方に接しながら、更に新しい見方や考え方を生み出していくことができるよう留意すること。
　(5) 生徒の発達の段階や特性等を考慮し、指導のねらいに即して、問題解決的な学習、道徳的行為に関する体験的な学習等を適切に取り入れるなど、指導方法を工夫すること。その際、それらの活動を通じて学んだ内容の意義などについて考えることができるようにすること。また、特別活動等における多様な実践活動や体験活動も道徳科の授業に生かすようにすること。
　(6) 生徒の発達の段階や特性等を考慮し、第2に示す内容との関連を踏まえつつ、情報モラルに関する指導を充実すること。また、例えば、科学技術の発展と生命倫理との関係や社会の持続可能な発展などの現代的な課題の取扱いにも留意し、身近な社会的課題を自分との関係において考え、その解決に向けて取り組もうとする意欲や態度を育てるよう努めること。なお、多様な見方や考え方のできる事柄について、特定の見方や考え方に偏った指導を行うことのないようにすること。
　(7) 道徳科の授業を公開したり、授業の実施や地域教材の開発や活用などに家庭や地域の人々、各分野の専門家等の積極的な参加や協力を得たりするなど、家庭や地域社会との共通理解を深め、相互の連携を図ること。」
　これらの中で、(3)～(5)の配慮する事項が目立っている。生徒が「課題や目標を見付けたりすることができるよう工夫すること」、「考えを深め、判断し、表現する力などを育むことができるよう、自分の考えを基に討論したり書いたりするなどの言語活動を充実すること」、「問題解決的な学習、道徳的行為に関する体験的な学習等を適切に取り入れるなど、指導方法を工夫すること」が述べられ、生徒が主体となって、課題や問題を発見し、解決していくことが重視さ

れている。
　次に、2015年(平成27年)版「中学校学習指導要領　第3章道徳　第3指導計画作成と内容の取扱い　3と4」では、教材についての留意事項が示されている。
　「3　教材については、次の事項に留意するものとする。
　(1) 生徒の発達の段階や特性、地域の実情等を考慮し、多様な教材の活用に努めること。特に、生命の尊厳、社会参画、自然、伝統と文化、先人の伝記、スポーツ、情報化への対応等の現代的な課題などを題材とし、生徒が問題意識をもって多面的・多角的に考えたり、感動を覚えたりするような　充実した教材の開発や活用を行うこと。
　(2) 教材については、教育基本法や学校教育法その他の法令に従い、次の観点に照らし適切と判断されるものであること。
　ア　生徒の発達の段階に即し、ねらいを達成するのにふさわしいものであること。
　イ　人間尊重の精神にかなうものであって、悩みや葛藤等の心の揺れ、人間関係の理解等の課題も含め、生徒が深く考えることができ、人間としてよりよく生きる喜びや勇気を与えられるものであること。
　ウ　多様な見方や考え方のできる事柄を取り扱う場合には、特定の見方や考え方に偏った取扱いがなされていないものであること。
4　生徒の学習状況や道徳性に係る成長の様子を継続的に把握し、指導に生かすよう努める必要がある。ただし、数値などによる評価は行わないものとする。」
　教材についての留意事項については、題材の例示が示されている。すなわち、「生命の尊厳、社会参画、自然、伝統と文化、先人の伝記、スポーツ、情報化への対応等の現代的な課題など」が題材の例示として挙げられているので、例示に基づいた教材開発がされるであろう。
　次に、評価について、「数値などによる評価は行わない」とされて

いる。ただし、道徳的な成長や発達は、「継続的に把握」することとされている。

3　高等学校の道徳教育
(1) 道徳教育の方針

　高等学校の道徳教育は、2009年(平成21年)版「高等学校学習指導要領　第1章総則　第1款教育課程編成の一般方針　2」で、次のように述べられている。

　　「学校における道徳教育は、生徒が自己探求と自己実現に努め国家・社会の一員としての自覚に基づき行為しうる発達の段階にあることを考慮し人間としての在り方生き方に関する教育を学校の教育活動全体を通じて行うことにより、その充実を図るものとし、各教科に属する科目、総合的な学習の時間及び特別活動のそれぞれの特質に応じて、適切な指導を行わなければならない。

　　道徳教育は、教育基本法及び学校教育法に定められた教育の根本精神に基づき、人間尊重の精神と生命に対する畏敬の念を家庭、学校、その他社会における具体的な生活の中に生かし、豊かな心を持ち、伝統と文化を尊重し、それらをはぐくんできた我が国と郷土を愛し、個性豊かな文化の創造を図るとともに、公共の精神を尊び、民主的な社会及び国家の発展に努め、他国を尊重し、国際社会の平和と発展や環境の保全に貢献し未来を拓く主体性のある日本人を育成するため、その基盤としての道徳性を養うことを目標とする。

　　道徳教育を進めるに当たっては、特に、道徳的実践力を高めるとともに、自他の生命を尊重する精神、自律の精神及び社会連帯の精神並びに義務を果たし責任を重んずる態度及び人権を尊重し差別のないよりよい社会を実現しようとする態度を養うための指導が適切に行われるよう配慮しなければならない。」

1999年(平成11年)版「高等学校学習指導要領」と2009年(平成21年)版「高等学校学習指導要領」を比較すると、次の部分が変更

されている。

　1999年(平成11年)版「「高等学校学習指導要領」の第2段落の中では、「豊かな心を持ち」の後に、「個性豊かな文化の創造と民主的な社会及び国家の発展に努め、進んで平和的な国際社会に貢献し」と述べられていた。他方、2009年(平成21年)版「高等学校学習指導要領」では、「伝統と文化を尊重し、それらをはぐくんできた我が国と郷土を愛し、個性豊かな文化の創造を図るとともに、公共の精神を尊び、民主的な社会及び国家の発展に努め、他国を尊重し、国際社会の平和と発展や環境の保全に貢献し」と変更されている。

　この中で、新たに付け加えられた部分は、①伝統と文化の尊重、②我が国と郷土を愛すること、③公共の精神を尊重すること、④他国を尊重すること、⑤環境の保全に貢献すること、である。

　2009年(平成21年)版「高等学校学習指導要領」の第3段落の中では、「道徳的実践力を高めるとともに」の後に、「自他の生命を尊重する精神」が付け加えられている。

(2) 道徳と公民

　高等学校では、小・中学校のように、道徳の時間が特設されていない。高等学校では、「人間としての在り方生き方に関する教育を学校の教育活動全体を通じて行うこと」とされ、「各教科に属する科目、総合的な学習の時間及び特別活動」の中で「適切な指導を行わなければならない」とされている。

　「各教科に属する科目」の中で、道徳と密接に結びついている科目は、公民である。公民は現代社会、倫理、政治・経済から構成されている。中でも、現代社会と倫理は、道徳と深く関連している。

　2009年(平成21年)版「高等学校学習指導要領　第2章各学科に共通する各教科　第3節公民」の目標は、次のように述べられている。

　「広い視野に立って、現代の社会について主体的に考察させ、理解を深めさせるとともに、人間としての在り方生き方について

の自覚を育て、平和で民主的な国家・社会の有為な形成者として必要な公民としての資質を養う。」
　この目標の中の「人間としての在り方生き方についての自覚を育て」ることは、道徳教育の目標でもある。公民は、道徳教育と目標を共有している。

(3) 現代社会
　現代社会の目標は、次のように述べられている。
　　「人間の尊重と科学的な探究の精神に基づいて、広い視野に立って、現代の社会と人間についての理解を深めさせ、現代社会の基本的な問題について主体的に考察し公平に判断するとともに自ら人間としての在り方生き方について考察する力の基礎を養い、良識ある公民として必要な能力と態度を育てる。」
　この中で、「自ら人間としての在り方生き方について考察する力の基礎を養」うことは、道徳教育の目標としても有効である。道徳教育では、「自己探求と自己実現に努め」、「人間としての在り方生き方に関する教育」を行うこととしている。
　次に、現代社会の内容は、項目だけを拾い上げると、次のようになる。
　(1)　私たちの生きる社会
　(2)　現代社会と人間としての在り方生き方
　　ア　青年期と自己の形成
　　イ　現代の民主政治と政治参加の意義
　　ウ　個人の尊重と法の支配
　　エ　現代の経済社会と経済活動の在り方
　　オ　国際社会の動向と日本の果たすべき役割
　(3)　共に生きる社会を目指して
　この中の項目の(2)は、「現代社会と人間としての在り方生き方」となっており、道徳教育の内容ともなりうる。特に、「ア　青年期と自己の形成」から「ウ　個人の尊重と法の支配」までは、道徳教育

と深くかかわっている。

(4) 倫理

倫理の目標は、次のように述べられている。

「人間尊重の精神と生命に対する畏敬の念に基づいて、青年期における自己形成と人間としての在り方生き方について理解と思索を深めさせるとともに、人格の形成に努める実践的意欲を高め、他者と共に生きる主体としての自己の確立を促し、良識ある公民として必要な能力と態度を育てる。」

この目標の中身は、道徳教育の目標と、ほとんど同じである。倫理という科目自体が、道徳的原理を探究するものである。小・中学校の道徳の時間との違いは、倫理は現代社会という教科の科目として位置づけられていることである。

倫理の内容は、項目だけを拾い上げると、次のようになる。
(1) 現代における自己の課題
(2) 人間としての在り方生き方
　ア　人間としての自覚
　イ　国際社会に生きる日本人としての自覚
(3) 現代と倫理
　ア　現代に生きる人間の倫理
　イ　現代の諸課題と倫理

これらの項目は、いずれも道徳的色彩が強いものである。しかし、倫理の履修については、「公民のうち『現代社会』又は『倫理』・『政治・経済』」とされている。倫理はすべての高校生が履修するわけではない。

現代社会も倫理も、内容の全体にわたって配慮する事項として、次のことを述べている。

「中学校社会科及び道徳並びに公民科に属する他の科目、地理歴史科、家庭科、情報科及び特別活動などとの関連を図るとともに、項目相互の関連に留意しながら、全体としてのまとまりを工

夫し、特定の事項だけに偏らないようにすること。」
　配慮する事項の中に、「中学校社会科及び道徳」との関連を図ることが述べられている。これは、現代社会の内容の中に、道徳的色彩を持つものが含まれていることを示している。

4　小・中・高等学校の道徳教育の特徴
　小・中・高等学校の道徳教育を比較すると、いくつかの特徴を指摘することができる。第1に、小学校と中学校と、高等学校では、道徳科の取り扱いが異なっている。小学校と中学校では、道徳科が設置された。内容項目も、「学習指導要領」で詳しく、具体的に説明されている。学習指導要領では、小・中学校の教育課程が、各教科、特別の教科　道徳、外国語活動(中学校では、外国語は各教科の中に含まれている。)、総合的な学習の時間、特別活動から構成されている。
　一方、高等学校では、道徳科が設置されていない。道徳教育は、「学校の教育活動全体を通じて行うこと」となっている。「学校の教育活動」の中では、公民が道徳と内容が重なっている。高等学校では、教科の中の公民と道徳を関連付けることができる。
　第2に、小・中学校の道徳の時間は、教科のひとつとして位置付けられるようになった。教育再生会議では、道徳を教科として取り扱うことが提言され、その後、道徳は「特別の教科　道徳」になり、「道徳科」と呼ばれるようになっている。

5　小・中・高等学校の道徳教育の課題
　小・中・高等学校の道徳教育の課題として、次のことを指摘することができる。第1に、小・中学校と高等学校では、道徳の指導のやり方が異なっている。小・中学校の道徳科による指導が適切であれば、高等学校においても、道徳科を特設すべきである。
　高等学校では、「人間としての在り方生き方に関する教育を学校の教育活動全体を通じて行うこと」とされている。「学校の教育活動」

は、「各教科に属する科目、総合的な学習の時間及び特別活動」である。教科のひとつである公民は、道徳の内容と関連が深い。しかし、公民は道徳の時間ではないので、教科の目標が優先される。道徳は、副次的に取り扱われる。

　道徳を教科で指導することは、現代社会と倫理を除いて、該当する科目がないため、難しいことである。総合的な学習の時間や特別活動では、道徳を指導することも、難しくなる。高等学校で道徳科を設置すれば、高校生に、道徳的な問題を集中的に考えさせることができる。

　第2に、道徳を指導する教師の問題がある。教師が道徳教育について熟練していなければ、指導の効果を期待することができない。小・中学校に道徳教育推進教師を導入しても、効果は未知数であると推測される。

　日本では、読み物の登場人物の心情を読み取ることが、道徳教育の中心であった。この指導法が、今日では批判されている。望ましい道徳教育は、問題解決型の道徳教育、考える道徳教育、主体的な学びにつながる道徳教育である。現職の教員は、これらの新しい理論や指導法を研修や研究会で学ばなければならない。

　第3に、道徳の理論の研究を充実しなければならない。道徳の理論はひとつではなく、多様である。諸富祥彦氏の『道徳授業の新しいアプローチ10』(注4)には、10種類の道徳教育の理論が紹介されている。本書では、L・コールバーグ(L.Kohlberg)が開発した道徳的ジレンマによる道徳教育(注5)、「キャラクター・エデュケーション」(注6)、価値の明確化による道徳教育(注7)、ディベートによる道徳教育を取り上げている。

　道徳の理論ごとに、道徳の指導法が異なっている。適切な指導法を選択する場合、道徳の理論を把握することが不可欠である。

　第4に、高等学校における道徳教育を充実しなければならない。高等学校に道徳科を設置することは、既に述べたが、文部科学省は、公民の中の現代社会を廃止し、代わりに「公共」を設けることを提

案している。「公共」は、「主権者や消費者など様々な主体として判断する力を養う」科目である。この科目は、「選挙権年齢が18歳以上に引き下げられたことを受け、選挙など政治参加について学習する。将来、成人年齢が引き下げられるという意見も踏まえ、社会保障や契約、家族制度、雇用、消費行動といった社会で必要なことを学ぶ」とされている(注8)。このような「公共」については、もともと「規範意識」を学習するという説明がされていたが、現在では、道徳的な色彩が弱められている。

注
(1) 文部科学省、「小学校学習指導要領解説　特別の教科　道徳編」2015年(平成27年)7月　2ページ。
http://www.mext.go.jp/a_menu/shotou/new-cs/youryou/1356248.htm　(2016年(平成28年)6月28日閲覧)
(2) 文部科学省、「小学校学習指導要領解説　特別の教科　道徳編」同上、4ページ。
(3) 道徳教育推進教師の役割については、下記参照。
永田繁雄・島恒生(編)、『道徳教育推進教師の役割と実際』(教育出版、2012年)
(4) 諸富祥彦(編著)、『道徳授業の新しいアプローチ10』(明治図書、2015年)(初版は2005年)
(5) 荒木紀幸、「道徳教育はこうすればおもしろい——コールバーグ理論とその実践」(北大路書房、1988年)
荒木紀幸、「モラルジレンマ資料と授業展開」(明治図書、1990年)
荒木紀幸、「続　道徳教育はこうすればおもしろい——コールバーグ理論の発展とモラルジレンマ授業」(北大路書房、1997年)
(6) キャラクター・エデュケーションについては、下記参照。
T.Rickona,Educating for Character——How Our Schools Can Teach Respect and Responsibility

邦訳、T・リコーナ著、三浦正訳、『リコーナ博士のこころの教育論――＜尊重＞と＜責任＞を育む学校環境の創造』（慶應大学出版会、1997 年）

T・リコーナ著、水野修次郎監訳・編集、『人格の教育――新しい徳の教え方学び方』（北樹出版、2001 年）

T.Devine,J.H.Seuka and Wilson Cultivating Heart and Character (International Education Foundation,2001)

邦訳、T・ディヴァイン、J・H・ソク、A・ウィルソン著、上寺久雄監訳、『「人格教育」のすすめ』（コスモトゥーワン、2003 年）

T.Rickona,Character Matters――How to Help Our Children Develop Good Judgment,Integrity and Other Essential Virtues

邦訳、T・リコーナ著、水野修次郎、望月文明訳、『「人格教育」のすべて――家庭・学校・地域社会ですすめる心の教育』（麗澤大学出版会、2005 年）

(7) 諸富詳彦、「道徳授業の革新――『価値の明確化』で生きる力を育てる」（明治図書、1997 年）

(8) 「高等学校に新科目案「公共」「歴史総合」　18 歳選挙権受け」朝日新聞デジタル　2015 年 8 月 5 日
http://www.asahi.com/articles/ASH835VJBH83UTIL03M.html　（2016 年(平成 28 年)6 月 28 日閲覧）

第2章　道徳の教科化の課題

はじめに

　道徳の時間が「特別の教科　道徳」になり、教科として位置付けられた。道徳科は教科ではあるが、「特別」である。学校の教育課程は、各教科、特別の教科　道徳、総合的な学習の時間、外国語活動(小学校のみ)、特別活動から構成されるようになった。小・中学校学習指導要領では、特別の教科　道徳は各教科には含まれないで、各教科(第2章)とは別の独立した章(第3章)に記載されている。道徳科を教科に位置付けることによって、子どもの道徳的発達は上昇するのか、道徳的思考が深まるのか。

　本章の目的は、小学校・中学校・高等学校における道徳の教科化の課題を指摘することである。第1に、教育再生実行会議の提言、文部科学省の有識者会議の提言を確認する。第2に、道徳の基本的課題を考察する。道徳は教えられるかを議論し、道徳教育といじめの関連を述べる。第3に、道徳の教科化で何が変わるかを明らかにする。教科書の使用義務が発生する。評価を実施するかどうかを考える。中学校では、誰が教えるのか、道徳の教員免許をどうするのかが課題となる。高等学校では、教育課程全体の中の道徳の位置づけが課題となる。教員養成カリキュラムの課題として、担当教員の質の向上と授業時間数の増加を指摘できる。

1　教育再生実行会議と有識者会議の提言
(1) 教育再生実行会議の提言

　教育再生実行会議は、2013年(平成25年)2月26日付けで、「いじめの問題等への対応について」(第一次提言)を提言した。教育再生実行会議では、いじめ問題等への対応について審議を行った。教育再生実行会議を設置した理由は、「いじめを早い段階で発見し、その芽を摘み取り、一人でも多くの子どもを救うことが、教育再生に

向けて避けて通れない緊急課題となっているから」である。
　2013年(平成25年)2月26日付けの日本経済新聞Web刊によれば、教育再生実行会議の提言要旨は、次の5点である。
　① 道徳を教科化し指導方法を明確化
　② いじめの定義や対策を定めた法律の制定
　③ 学校と警察の連携強化、カウンセラーの配置促進
　④ いじめ解決にあたる第三者組織や加害者への出席停止の活用
　⑤ 体罰根絶へ部活動指導ガイドライン策定(注1)
　教育再生実行会議の提言の中で、道徳の教科化が主張されている。具体的な提言の内容は、次のように述べられている。
　「1. 心と体の調和の取れた人間の育成に社会全体で取り組む。道徳を新たな枠組みによって教科化し、人間性に深く迫る教育を行う。
　　いじめの問題が深刻な事態にある今こそ、制度の改革だけでなく、本質的な問題解決に向かって歩み出さなければなりません。学校は、未熟な存在として生まれる人間が、師に学び、友と交わることを通じて、自ら正しく判断する能力を養い、命の尊さ、自己や他者の理解、規範意識、思いやり、自主性や責任感などの人間性を構築する場です。
　　しかしながら、現在行われている道徳教育は、指導内容や指導方法に関し、学校や教員によって充実度に差があり、所期の目的が十分に果たされていない状況にあります。
　　このため、道徳教育の重要性を改めて認識し、その抜本的な充実を図るとともに、新たな枠組みによって教科化し、人間の強さ・弱さを見つめながら、理性によって自らをコントロールし、より良く生きるための基盤となる力を育てることが求められます。
　　また、家庭や地域を始め、社会の中で人が生きていく全ての過程が人間教育の場となります。社会全体でその意識を共有し、それぞれの立場から子どもの成長に関わり、支える必要があります。
　○ 子どもが命の尊さを知り、自己肯定感を高め、他者への理解や

思いやり、規範意識、自主性や責任感などの人間性・社会性を育むよう、国は、道徳教育を充実する。そのため、道徳の教材を抜本的に充実するとともに、道徳の特性を踏まえた新たな枠組みにより教科化し、指導内容を充実し、効果的な指導方法を明確化する。その際、現行の道徳教育の成果や課題を検証するとともに、諸外国における取組も参考にして、丁寧に議論を重ねていくことを期待する。

○ 国及び教育委員会は、心の豊かな成長を育み、子どもの良き行動を引き出す道徳教育が実践されるよう、全ての教員が習得できる心に届く指導方法を開発し、普及することや、道徳教育のリーダーシップを執れる教員を育成することなどを通じて、教員の指導力向上に取り組む。学校における道徳教育の教材として、具体的な人物や地域、我が国の伝統と文化に根ざす題材や、人間尊重の精神を培う題材などを重視する。

○学校においては、日常の生徒指導や、多様な体験活動などを含めて、全ての教育活動を通じた道徳教育を行う。また、食事等の日常生活の乱れが子どもの心の乱れにもつながっているとの指摘を重視し、食育等の視点も取り入れた指導を行う。さらに、各教科等に係る子どもの学習の状況や学校における指導の記録を継続的・系統的に蓄積するとともに、それを教員が共有し指導にいかす。

○学校は、保護者も巻き込みながら、子どもたちが社会の一員として守らなければならない決まりや行動の仕方を身に付け、時と場合に応じて責任ある行動や態度をとることができるよう、市民性を育む教育（シチズンシップ教育）の観点を踏まえた指導に取り組む。その際、発達段階に応じて、互いの人格や権利を尊重し合い、自らの義務や責任を果たし、平穏な社会関係を形成するための方策や考え方を身に付ける教育（法教育）も重視する。

○ 各学校で子どもたちがいじめについて自ら考え、話し合いに取り組み、児童会や生徒会等において、「いじめは絶対に許されな

い」などの宣言をし、活動していくことや、子どもたち自身が自分たちの間の問題を解決できる力を身に付け、行動していくことができるよう指導し、支援していく。また、リーダーシップを執れる子どもを育てる。

○　大人の振る舞いが子どもに直接的な影響を及ぼす。家庭や地域などにおいても、大人が率先垂範して一人の人間としての在るべき姿を示し、しつけるべきことをしつける。特に、家庭教育の役割の大きさについて、全ての大人が認識を深める。また、指導が子どもの心に届き、また子どもからの様々なサインに気付けるよう、清潔で整然とした環境づくりを行う。子どもの頃から地域の祭り、共同作業などの諸行事に参加することで、学校では経験できない大人との触れ合いを通して、社会規範を身に付けさせる。さらに、試練に対処し、身を守る知恵や精神力、問題解決能力を身に付けさせる。」

この提言において、道徳の教科化は、いじめの問題に対する対応策として位置付けられている。2011年(平成23年)10月17日に、滋賀県大津市の皇子中学校で、いじめが原因で、2年生の男子生徒が自宅マンションから飛び降り自殺をした。自殺直後に、父親が大津署に被害届を提出するために相談に行ったら、受理することを拒否された。10月中旬に、大津市教育委員会が全校生徒を対象にいじめに関するアンケートを実施した。市教育委員会は、アンケート結果の一部だけを開示した。2012年(平成24年)7月6日に、大津市長が陳謝し、第三者による調査委員会を立ち上げ、再調査する意向を表明した。7月11日には、滋賀県警が中学校と市役所を家宅捜索した。7月17日には、文部科学省が大津市に室長ら3人の職員を派遣した。7月18日には、自殺した生徒の遺族が同級生らを刑事告訴し、大津署によって受理された。遺族は民事訴訟を起こし、総額7720万円の損害賠償を求めて、大津地方裁判所に提訴している。被告は大津市、加害生徒3人、保護者などである。自殺した生徒の通う中学校は、2009年(平成21年)から2010年(平成22年)にかけて文部

科学省から「道徳教育実践研究事業」推進校に指定され、道徳教育については先進的な取り組みをしていた。いじめによる自殺が契機になり、教育再生実行会議の提言に至ったと理解できる。

提言の内容を確認してみよう。提言の中で、学校は、人間性を構築する場であると規定している。しかし、学校の道徳教育は、指導内容や指導方法について、学校や教員により、充実度に差がある。そこで、新たな枠組みによって、道徳を教科化する必要があると主張する。より良く生きるための基盤となる力を育てることが求められる。

国は、道徳教育を充実するため、①命の尊さを知ること、②自己肯定感を高めること、③他者への理解や思いやり、③規範意識、④自主性や責任感などの人間性・社会性を育むこと、が指摘されている。指導内容を充実し、効果的な指導方法を明確化することが目指されている。

国や教育委員会は、道徳の指導方法を開発・普及し、リーダー教員を育てて、教員の指導力向上に取り組む。道徳教育の教材として、①具体的な人物や地域、②我が国の伝統と文化に根ざす題材、③人間尊重の精神を培う題材などを重視する。

学校では、すべての教育活動を通じて、道徳教育を行う。食育にも気を配り、指導の記録を蓄積し、指導に生かす。

学校は、子どもが決まりや行動の仕方を身につけ、責任ある行動や態度をとれるよう、市民性を育む教育や法教育を実施する。

家庭教育の役割を認識し、地域の行事などに参加し、しつけや社会規範を身につける。

以上の内容が、新たな枠組みと言えるだろうか。提言された内容の大半は、従来の道徳教育で取り扱われているものである。目新しい内容は、市民性を育む教育と、食育を道徳教育の観点からとらえていることぐらいである。

(2) 有識者会議の提言

　文部科学省の有識者会議「道徳教育の充実に関する懇談会」は、2013年(平成25年)11月11日に会合を開き、報告書案「今後の道徳教育の改善・充実方策について（報告）（案）」を示した。報告書案の骨子は、次の通りである（注2）。
　① 道徳の学習指導要領を見直し、教科化する。道徳は、「特別の教科 道徳」（仮称）となる。
　② 教材として、検定教科書を用いる。検定基準の具体的な在り方などの課題を慎重に検討する。
　③ 一人一人の道徳性を養う性格上、数値による評定は不適切。記述式の評価を検討する。
　④ 児童・生徒の実態を一番良く把握する学級担任が指導する。

2　道徳の基本的課題
(1) 道徳は教えられるか

　道徳は教えられるか。この問いに答えることは、かなり難しい。問いに答えるためには、道徳とは何か、教えることは何を意味するのかを十分理解しておかなければならない。道徳とは何かという問いの立て方が適切であるかどうかも、問わなければならない。教えることは、誰が、誰に対して、どのような教育内容を、どのような方法で、教えるかを知っておかなければならない。教えるという活動が他の活動たとえば車の運転、ケアなどと、どのような共通点があり、どのような差異があるかも、問題として設定できる。
　道徳とは何か。この問いに対する答えは、具体的でわかりやすい言葉で言い換えることである。道徳という言葉を別の言葉で置き換えると、道徳が理解できる。たとえば、挨拶という習慣は、しばしば道徳教育の一部として位置付けられているので、道徳は挨拶することである、と理解することもできる。
　2015年(平成27年)版「小学校学習指導要領　第3章道徳　第2内容」では、「B 主として人との関わりに関すること」の中に、「［礼

儀〕」の項目がある。
「〔第1学年及び第2学年〕
　気持ちのよい挨拶、言葉遣い、動作などに心掛けて、明るく接すること。
〔第3学年及び第4学年〕
　礼儀の大切さを知り、誰に対しても真心をもって接すること。
〔第5学年及び第6学年〕
　時と場をわきまえて、礼儀正しく真心をもって接すること。」
　この中に、「気持ちのよい挨拶」が含まれている。地域の小学校などでは、挨拶運動を実施している。小学生だけではなく、小学校区に住んでいる住民も一体となって、挨拶運動に取り組むと、目に見えた効果が得られる。
　挨拶を教えることを考えてみよう。小学校の道徳の時間の中で、担任の教員が受け持ちの児童に対して、挨拶の大切さを説明する。具体的には、挨拶を話題にした作文、物語などを教材にして、その内容について、教員が児童に質問をしたり、意見を聞いたりする。必要なら、教員が、挨拶の意義を説明したり、挨拶する心地よさを伝えたりする。
　教員が校門の前に立って、登校してくる児童に向かって、「おはよう」と声をかける。もし児童が「おはよう」と言わなかったときには、教員がもう一度「おはよう」と声をかける。できれば、児童の名前を呼んで、「おはよう」と声をかけるのが、効果的である。地域に住んでいる住民も、児童に対して「おはよう」と挨拶をしていただく。
　道徳を挨拶とみなす時、道徳は教えられるか。挨拶のできない児童が、小学校の道徳の時間の指導、校門の前の教員による挨拶を通して、「おはよう」の挨拶ができるようになる。この場合、道徳は教えられたと言える。
　では、道徳は、生き方を修得することである、と仮定する。2015年(平成27年)版「小学校学習指導要領　第3章特別の道徳　第1目

標」には、小学校の道徳教育の目標が、次のように述べられている。
　「第1章総則の第1の2に示す道徳教育の目標に基づき、よりよく生きるための基盤となる道徳性を養うため、道徳的諸価値についての理解を基に、自己を見つめ、物事を多面的・多角的に考え、自己の生き方についての考えを深める学習を通して、道徳的な判断力、心情、実践意欲と態度を育てる。」
　この中では、小学校の道徳教育の目標が、「自己の生き方についての考えを深める学習を通して、道徳的な判断力、心情、実践意欲と態度を育てる」ことであると規定されている。
　小学校と中学校の道徳科の内容の中で、「先人の伝記」すなわち歴史的に有名な人物の生き方を取り扱うことになっている。たとえば、『私たちの道徳　小学校一・二年』では、二宮金次郎とアンリ・ファーブルの読み物教材が使用されている。読み物教材としての二宮金次郎は、「第8章　小・中・高等学校における道徳の指導法　3　二宮金次郎の教材分析」で検討する。担任の教員は、受け持ちの児童・生徒に対して、有名な人物の生き方について、質問したり、意見を伝えたりする。その結果、児童・生徒は、有名な人物の生き方を知ることになる。この場合、道徳は教えられたか。
　児童・生徒が生き方を修得することが、有名な人物の生き方を知ることであれば、道徳は教えられた。他方、児童・生徒が生き方を修得することが、自分自身で生き方を考え、どう生きるべきかを決定して生きていくことであれば、道徳は教えられたとは言えない。有名な人物の生き方を知ることはできても、児童・生徒自身の生き方を修得したことにはならない。有名な人物が正直に生きることを選択しても、児童・生徒自身が、同じように正直に生きるとは限らない。有名な人物が正直に生きたことを、知識として学習しただけである。児童・生徒は、学習した内容を聞かれれば、言葉で答えることができる。言葉で言えても、児童・生徒の行動が伴うことを保証できない。

(2) 道徳教育といじめ

　いじめ問題等を解決するために、道徳を教科化することを考えてみよう。道徳教育の目標は、「道徳的な判断力、心情、実践意欲や態度」を養うことである。道徳教育の目標の言葉の中には、いじめという言葉が見当たらない。その理由は、抽象のレベルが異なっているからである。いじめは、どれほど重大な、解決すべきことであっても、道徳教育の目標としては、設定されていない。

　道徳教育の内容については、いじめと関連する徳目がある。徳目は、道徳教育の内容を表現した文章を簡潔に短くしたものである。たとえば、2015年(平成27年)版「小学校学習指導要領　第3章特別の教科　道徳　第2　内容　B　主として人との関わりに関すること」の中に、いじめと関連する、「友情、信頼」という徳目が書かれている。

　「〔第1学年及び第2学年〕
　　友達と仲よくし、助け合うこと。
　〔第3学年及び第4学年〕
　　友達と互いに理解し、信頼し、助け合うこと。
　〔第5学年及び第6学年〕
　　友達と互いに信頼し、学び合って友情を深め、異性についても理解しながら、人間関係を築いていくこと。」

2015年(平成27年)版「小学校学習指導要領」では、友達と仲良くすることが、道徳教育の内容の一部として設定されている。現行の道徳教育はいじめの解決にはなっていないという批判がある。この批判に対しては、いじめを道徳科で取り上げ、児童・生徒の意識を高めることが必要である。道徳を教科化しても、児童・生徒の意識が変わらない限り、いじめの件数は減らない。道徳教育の目標は、道徳的な判断力などを養うことである。

　いじめは道徳的な色彩を含んでいるけれども、道徳教育は、いじめの解決だけを目指していない。いじめを解決するなら、道徳科、学級活動やホームルーム活動において、いじめを題材にして、児童・

生徒の学習を深めることが大切である。国語の授業で、いじめに関する教材を取り上げ、理解を深めることもよい。道徳科以外の教科や他の学校教育活動でも、いじめを取り上げ、児童・生徒の意識を揺さぶり、望ましい人間関係を構築することは可能である。

3　道徳の教科化によって生ずる課題
(1) 教科書の使用義務

　小学校、中学校、高等学校、特別支援学校では、教科を教えるときに、教科書を使用しなければならない。教科とは、教育的観点から学問分野を再構成した内容のひとまとまりである。教科は学問分野に基づいているけれども、特定の学問分野そのものではない。学問分野そのものが、新しい分野が作られたり、複数の分野が統合されたりしている。学問分野の統廃合が行われているので、教科も統廃合が行われることになる。たとえば、『教育学用語辞典　第四版』によれば、教科は、次のように説明されている。

　　「教科とは、科学、技術、芸術など人間の文化の諸領域のなかから児童・生徒に学習させるべき知識や技能を教育目的に応じて体系的に選択・組織した教育内容のまとまりであり、各教科の教授・学習活動を通じておこなわれる意図的・計画的な教育を教科教育という。(以下略)」(注3)

　児童・生徒に「知識や技能」を教えるとき、児童・生徒の発達段階を考慮したり、認識の過程を確認したりしている。

　教科書は、児童・生徒に教科を教える際の教育内容が書かれている図書である。教科書は「教科用図書」を短く表現した言葉であり、「教科の指導において取り上げられる教育内容を整理し、編纂した児童用または生徒用の図書のこと」(注4)　である。教科書の発行に関する臨時措置法（昭和二十三年七月十日法律第百三十二号、最終改正：平成一九年六月二七日法律第九六号）によれば、教科書は、「教科の主たる教材」と規定している。

　　「この法律におい『教科書』とは、小学校、中学校、高等学校、

中等教育学校及びこれらに準ずる学校において、教育課程の構成に応じて組織排列された教科の主たる教材として、教授の用に供せられる児童又は生徒用図書であって、文部科学大臣の検定を経たもの又は文部科学省が著作の名義を有するものをいう。
2　この法律において『発行』とは、教科書を製造供給することをいい、『発行者』とは、発行を担当する者をいう。」
　教科書は「教科の主たる教材」なので、教科を教えるときには、教科書を使用することになる。一方、教科でなければ、教科書は存在しないことになる。学校の教育課程の中の総合的な学習の時間、特別活動、小学校の外国語活動においては、教科書が存在しない。
　教員は、教科書を使用しなければならない。学校教育法第34条は、小学校における教科書使用の義務を規定している。
　　「小学校においては、文部科学大臣の検定を経た教科用図書又は文部科学省が著作の名義を有する教科用図書を使用しなければならない。
2　前項の教科用図書以外の図書その他の教材で、有益適切なものは、これを使用することができる。
3　第1項の検定の申請に係る教科用図書に関し調査審議させるための審議会等（国家行政組織法（昭和二十三年法律第百二十号）第八条に規定する機関をいう。以下同じ。）については、政令で定める。」
　中学校については、同法第49条、高等学校については、同法第62条、特別支援学校については、第82条で、小学校の規定を準用するとしている。これらの規定から、教科の指導において、教科書を使用しなければならない。もし教科書を使用しなければ、法律違反になる。
　この考えに対して、もうひとつ別の考え方もある。すなわち、教員の持つ教育の自由は、教科書を使用する自由と同様に、教科書を使用しない自由を含んでいる、という考え方である。この考え方では、教科書の代わりに、手作り教材や検定を受けていない図書を使

用することになる。教科書使用の問題は、学習指導要領の位置付けにもかかわっている。

　道徳科は教科なので教科書使用の義務が生ずる。道徳の教科書を作成し、教員は道徳科の教科書を使用しなければならない。道徳科の教科書は、検定済みの教科用図書又は文部科学省が著作権を有する図書に限られる。

　道徳の教科書を作成することについては、文部科学省による教科書検定に対する不信感がある。教科書検定が教育基本法第16条の「不当な支配」に含まれるという懸念がある。同法第16条は、次のように規定している。

　　「教育は、不当な支配に服することなく、この法律及び他の法律の定めるところにより行われるべきものであり、教育行政は、国と地方公共団体との適切な役割分担及び相互の協力の下、公正かつ適正に行われなければならない。
2　国は、全国的な教育の機会均等と教育水準の維持向上を図るため、教育に関する施策を総合的に策定し、実施しなければならない。
3　地方公共団体は、その地域における教育の振興を図るため、その実情に応じた教育に関する施策を策定し、実施しなければならない。
4　国及び地方公共団体は、教育が円滑かつ継続的に実施されるよう、必要な財政上の措置を講じなければならない。」

　文部科学省と国を同一視すると、文部科学省は、「教育に関する施策」を策定し、実施することになる。この中に、道徳の教科書の検定をすることが含まれるのか。道徳は、人間の価値観に関わっている。教育を外的事項と内的事項に分類すると、道徳は内的事項になる。外的事項は、財政的な支援をして、施設や設備を整えることである。内的事項は、教育の目的な内容などの、内面的価値に関わることである。問題は、教育行政を担う文部科学省が、内面的価値に関わる道徳の教科書を検定又は作成すべきかである。

(2) 評価の実施

　道徳科では、評価をどうするか、という問題が発生する。教科については、評価するのが当然である。児童・生徒の成績表には、教科ごとあるいは小項目が立てられ、5段階又は5段階の評定が記載される。評価のねらいは、教育実践の達成状況を測定し、目標、内容、方法などを吟味し、教育実践の適切性を確認することである。評価をした後、次の教育活動に生かすことは言うまでもない。原則的には、評価の対象は、目標、内容、方法など、教育実践に関するすべてのことが含まれる。

　「小学校学習指導要領　第1章総則　第4指導計画の作成等に当たって配慮すべき事項　2以上のほか、次の事項に配慮するものとする。(11)」では、次のように説明されている。

　　「児童のよい点や進歩の状況などを積極的に評価するとともに、指導の過程や成果を評価し、指導の改善を行い学習意欲の向上に生かすようにすること。」

　この説明によれば、「指導の過程や成果を評価」することになっている。道徳科の指導も、「指導の過程や成果を評価」すると理解しても、何の違和感がない。現行でも、道徳科の「指導の過程や成果を評価」している。使用した教材の内容に関する質問が適切であったか、本時の目標が身に付いたか、などを振り返ることは、当然のことである。しかし、教科のように、3段階や5段階の評定をつけないだけである。

　教育学や心理学の分野では、評価は教育実践の計画や実施から評価、改善して再実践するというサイクルの一部として位置付けられている。柴田義松・宮坂琇子・森岡修一氏が編集した『教職基本用語辞典』によれば、教育評価が、次のように説明されている。

　　「教育実践によって、教育目標がどの程度実現できたか、どのような成果が得られて、どのような問題が明らかになったか、子どもの人格や行動にどのような変化が生じたのか等々を、一定の価値基準に基づいて診断し、その結果を教授・学習活動の反省や

改善に役立てる活動を、教育評価という。(以下略)」(注5)
　道徳科の場合、評価はなじまないとされている。2007年(平成19年)5月15日に実施された、教育再生会議第一分科会の議事要旨の中の、資料1「徳育の教科化について（論点メモ）」では、「数値による評価は行わない。記述式など他の評価の在り方を検討する」と書かれている。教育再生実行会議においても、この考え方は、変わっていない。
　2015年(平成27年)版「小学校学習指導要領　第3章 特別の教科 道徳　第3 指導計画の作成と内容の取扱い　4」では、次のように述べられている。
　　「児童の学習状況や道徳性に係る成長の様子を継続的に把握し、指導に生かすよう努める必要がある。ただし、数値などによる評価は行わないものとする。」
　道徳科では、「数値などによる評価は行わない」ことがはっきりと規定された。教科は教育課程の一部を構成するので、評価の対象となる。道徳の時間が設定されているときにも、道徳は教科ではないので、3段階や5段階の評定をしていなかった。国語や算数などの教科については、学期が終了すると、3段階又は5段階の評定がされる。これに対して、道徳の時間については、数値による評定が実施されていなかった。
　道徳科の評価はどうなるのか。「数値などによる評価は行わない」ことを、文字通り受け止めれば、3段階又は5段階の評定はされないことになる。しかし、「記述式など他の評価の在り方」を検討した結果、何らかの評価が実施されることになった。道徳科の場合、評価が一切実施されないという理解は、明らかに間違っている。
　「道徳教育に係る評価等の在り方に関する専門家会議」は、文部科学省で第10回会合を開き、「『特別の教科　道徳』の指導方法・評価等について」の報告書をまとめた。
　　「道徳科の特質を踏まえた評価として挙げられたのが、▽数値ではなく記述式で▽大きなまとまりを踏まえる▽目標に準拠した

ものではなく個人内で——など。児童生徒の良い点を褒めたり、さらなる改善が望まれる点を指摘したりなど、児童生徒の発達段階に応じて励ましていくのが求められた。」(注6)

　この報告書にも、道徳科の評価は数値ではなく、記述式で行うとされている。

　小・中学校の道徳科の中で道徳を指導した結果、どの程度「道徳的な判断力、心情、実践意欲と態度」が身についたかを、あるいは改善したかを検証することは、大切なことである。この検証は評価と言い換えても、大きな違いがない。道徳を教科化しなくても、教科化しても、道徳を指導した結果、児童・生徒の道徳的発達を刺激したなら、どの程度発達したのかを見極めなければならない。道徳の指導の途中で、その時の学習の成果を確認し、次の学習に生かすために実施する評価を、形成的評価と呼んでいる。他方、学期末に、その学期において学習した達成度を確認する評価は、総括的評価と呼んでいる。道徳の指導を実施する前に、児童・生徒の「道徳的な判断力、心情、実践意欲と態度」の状況を確認する評価を、診断的評価と呼んでいる。

(3) 中学校の道徳の課題

　道徳科は、誰が教えるのか。道徳の時間については、小・中学校の担任教員が、受け持ちの学級の道徳を教えていた。小学校の教員は、すべての教科を担当しているので、特別の教科としての道徳も教えることになる。中学校の教員の場合、学級担任の教員が道徳の時間の指導も行っていたが、道徳科が設置されると、誰が担当するかの問題が生ずる。。

　教育再生会議第一分科会の議事要旨の中の、資料1「徳育の教科化について（論点メモ）」では、「中学校については、名称を徳育ではなく、『人間科』にすることなども検討する」とされている。小学校では、学級担任の教員が道徳科の指導をすることになるが、中学校では、学級担任の教員が道徳科の指導をするとは限らない。資料

1では、「中学校においても、小学校同様、徳育の担当教員は設けず、学級担任が指導することとするかどうか」が、検討課題とされている。

小学校では学級担任制であり、中学校では、教科担任制である。小学校の教育職員免許状は、全教科を含んでいるのに対して、中学校の教育職員免許状では、教科別に取得することになっている。「人間科」という名称の教科を新設すると、「人間科」の教育職員免許状を新設することになる。教育職員免許状を取得するためには、教科に関する科目、教職に関する科目、教科又は教職に関する科目を履修することになる。どのような科目を設定するかは、比較的容易なことであるが、担当教員を誰に決定するかについては、かなり難しいことになる。最終的には、中学校の道徳科又は「人間科」の教員免許の創設が見送られた。

学級担任の教員が道徳科又は「人間科」を指導することになったので、道徳の指導が充実するかどうかが問われる。使用する教材や教科書は、作成されるかもしれない。しかし、中学校教員の意識を変えない限り、道徳の指導を充実することが期待できない。中学校の現職教員に対して、道徳の研修を義務付けるという方策があり得るが、研修を指導する大学教員や現職教員が不足している。

(4) 高等学校の道徳の課題

高等学校では、さらに大きな改革が必要である。「高等学校学習指導要領第1章総則 第1款教育課程編成の一般方針 2」では、道徳教育について、次のように書かれている。

　「学校における道徳教育は、生徒が自己探求と自己実現に努め国家・社会の一員としての自覚に基づき行為しうる発達の段階にあることを考慮し人間としての在り方生き方に関する教育を学校の教育活動全体を通じて行うことにより、その充実を図るものとし、各教科に属する科目、総合的な学習の時間及び特別活動のそれぞれの特質に応じて、適切な指導を行わなければならない。

道徳教育は、教育基本法及び学校教育法に定められた教育の根本精神に基づき、人間尊重の精神と生命に対する畏敬の念を家庭、学校、その他社会における具体的な生活の中に生かし、豊かな心をもち、伝統と文化を尊重し、それらをはぐくんできた我が国と郷土を愛し、個性豊かな文化の創造を図るとともに、公共の精神を尊び、民主的な社会及び国家の発展に努め、他国を尊重し、国際社会の平和と発展や環境の保全に貢献し未来を拓く主体性のある日本人を育成するため、その基盤としての道徳性を養うことを目標とする。

　道徳教育を進めるに当たっては、特に、道徳的実践力を高めるとともに、自他の生命を尊重する精神、自律の精神及び社会連帯の精神並びに義務を果たし責任を重んずる態度及び人権を尊重し差別のないよりよい社会を実現しようとする態度を養うための指導が適切に行われるよう配慮しなければならない。」

高等学校では、道徳科を設置していない。道徳教育は、「学校の教育活動全体を通じて行う」ことになっている。小学校と中学校では、道徳科を設置し、特設主義の道徳教育を実施している。高等学校では、道徳科を設置しない、全面主義の道徳教育を実施している。全面主義の道徳教育の長所は、次の通りである。

① 生徒の行動に即した指導が、その場でできる。
② 人工的な状況ではなく、自然な状況で生徒を指導できる。
③ 必要な時には、いつでも、どこでも指導できる。

他方、全面主義の道徳教育の短所として、次のことが指摘できる。

① 計画性に欠け、指導が偶然に左右されやすい。
② 道徳教育が、常に副次的にしか行われないので、効果があまり期待できない。
③ 道徳教育の担当者が明確ではないので、教員の指導が一貫性に欠ける。

高等学校で道徳を教科化する場合、まず教育課程全体の中で、道徳をどのように位置付けるかを考えなければならない。高等学校で

道徳科を設置すると仮定すれば、毎週1単位時間は必要となる。道徳科を教科として位置付けるなら、他の教科等の時間を削減することを考えなければならない。授業時間数の問題があるけれども、高等学校にも、道徳科が必要である。高校生にも、道徳的な問題を発見し、解決していく思考力を身に付けることが必要である。道徳の指導を「学校の教育活動全体を通じて行う」ことは当然であるが、道徳的な思考を集中的に行う時間を設置する方が効果的である。

(5) 教員養成カリキュラムの課題

教員養成カリキュラムの中で、道徳の指導法が「各科目に含めることが必要な科目」のひとつに位置付けられている。「教育職員免許法施行規則第6条　備考5」は、小学校と中学校の教員免許を取得する場合、道徳の指導法を履修しなければならない。

>「道徳の指導法の単位の修得方法は、小学校又は中学校の教諭の専修免許状又は一種免許状の授与を受けるにあっては二単位以上を、小学校又は中学校の教諭の二種免許状の授与を受けるにあっては一単位以上を修得するものとする。」

現行では小学校・中学校教諭1種免許状の場合、道徳の指導法は2単位以上であるが、ほとんどの大学では、2単位だけを開設している。道徳の指導法の講義を半年の間に15回実施しているが、この時間数では足りない。現行の教員養成カリキュラムの中でも、道徳の指導法の単位を増やすことは可能である。道徳教育の充実を図るためには、道徳の指導法の授業を増やすことを考えなければならない。教職科目を履修する学生の負担が増えても、道徳教育の充実を図るべきである。

研修などを通して、現職教員の指導力を高めることも大切である。大学等の教員養成校で、道徳の指導法を担当する教員の人数や資質が問われている。

高等学校の教員免許では、道徳の指導法は必修ではないので、道徳の指導法について大学で学習しなくても、教員免許を取得できる。

高等学校の教員免許を取得し、採用試験に合格すると、教員として採用される。道徳教育の学習をしないまま、高等学校の教員になることができる。

　道徳教育を充実しようとすれば、教員養成カリキュラムの改革が必要である。少なくとも、高等学校の教員養成カリキュラムに、道徳の指導法を加え、必修にすべきである。

　教員養成カリキュラムの改革案では、「道徳の指導法」が「道徳の理論及び指導法」に変更されている。道徳の理論的探究を加えることによって、道徳の指導法が充実することを期待している。

注

(1) 「いじめ対策へ法整備・道徳教育を　教育再生会議」2013 年(平成 25 年)2 月 26 日　日本経済新聞 Web 刊
http://www.nikkei.com/article/DGXNASDG26010_W3A220C1CR0000/　（2016 年 6 月 28 日閲覧）
(2) 中日新聞、2013 年(平成 25 年)11 月 11 日。
(3) 岩内亮一・本吉修二・明石要一(編)、『教育学用語辞典　第四版』(学文社、2006 年)　71 ページ。
(4) 同上。72 ページ。
(5) 柴田義松・宮坂琇子・森岡修一(編)の『教職基本用語辞典』(学文社、2004 年)190 ペー　ジ
(6) 「道徳科の報告書がまとまる　指導方法や評価等を記述」教育新聞電子版　2016 年 7 月 22 日
https://www.kyobun.co.jp/news/20160722_02/　（2016 年(平成 28 年)8 月 3 日閲覧）

第3章 L・コールバーグの道徳教育論

はじめに

　L・コールバーグの道徳教育論が、注目されている。アメリカだけではなく、わが国においても、コールバーグの道徳教育論を評価し、道徳教育の授業に取り入れようとしている。コールバーグの道徳教育論についても、翻訳本や研究書が出版されている。道徳的ジレンマの教材も、作成されている（注1）。
　コールバーグの道徳教育論は、道徳への認知－発達的アプローチを採用しており、道徳判断の発達段階を設定している。コールバーグ自身はもともと心理学者であるけれども、哲学や教育学にも関心を向けている。このコールバーグの道徳教育論に対しては、いろいろな批判が寄せられている。それらの批判に対応する形で、コールバーグの道徳教育論も変化しつつある。
　このような状況の中で、コールバーグの道徳教育論をわが国に導入すべきかどうか。この問題を考えなければならない。アメリカで開発された道徳教育論をそのままわが国に適用できるのか。これは、コールバーグの道徳教育論の有効性や限界を問うものである。
　本章では、コールバーグの道徳教育論の意義を確かめ、その有効性や限界を明らかにする。第1に、道徳とは何かを明らかにし、道徳のとらえ方を検討する。第2に、道徳判断の発達段階を検討する。第3に、道徳教育の目標を明らかにし、道徳教育の内容、方法としての道徳的ジレンマを取り上げる。道徳的討論の進め方を概観し、教師の資質の問題を指摘する。

1 道徳とは何か
(1) 道徳のとらえ方

　コールバーグは、正義を道徳の中心に置いている。この考え方は義務論的倫理を形成しており、I・カント（I.Kant）、R・M・ヘア

ー（R.M.Hare）、J・ロールズ（J.Rawls）などの主張と一致している。特に、コールバーグは、ロールズの正義の考え方を取り入れている。

　コールバーグは、道徳を次のようにとらえている。第1に、コールバーグは、正義を中心とする道徳を考えている。コールバーグによれば、道徳判断は、役割取得に基づいている。子どもは、人間の生命のような基本的価値を認識し、他者の役割を取得していく。正義は相互性や平等と言い換えられ、社会的相互作用における役割取得の経験の一部である。成熟した段階では、役割取得と正義が一致する。対立する役割を調停するとき、正義の原理が用いられる。役割取得は正義より広いけれども、組織され、原理化された役割取得は正義によって規定される(注2)。

　コールバーグは、自らの心理学的理論とロールズの規範的倫理理論とを関連付けている。コールバークにおいては、高次の段階の道徳判断が、一層均衡している。一方、ロールズにおいては、反省的均衡がめざされている。それは、一般的な道徳的原理と状況における特定の判断との間の均衡である(注3)。

　しかし、このように説明されても、正義が意味することは少しも明らかになっていない。コールバーグ自身、正義が何であるかを詳しく説明していない。

　コールバーグは、正義を道徳的原理とみなしている。原理は、規則と異なり、例外を許さないものである。規則は一定の集団や地域にのみ、適用されるのに対して、原理はすべての人に普遍的に適用されるものである。コールバーグは、次のように述べている。

　　「正義はひとつの規則でも、一連の規則でもなく、それは道徳的原理である。道徳的原理は、普遍的である選択の様式であり、すべての人にすべての状況で、常に採用してほしいと私達が願う選択の規則である。」(注4)

　正義の内容が規定されれば、正義を道徳的原理のひとつと認めてもよいだろう。たとえば、正義が、人々を尊重し、平等に取り扱う

ことを意味するなら、正義は道徳的原理となる。

しかし、すべての道徳的原理が正義に含まれることは、認めることができない。コールバーグは、プラトン的な見解を次のように述べている。

「第1に、徳は究極的にはひとつであり、多くは存在しない。そして、それは、風土や文化にかかわらず、常に同じ理想的な形式である。

第2に、この理想的な形式の名前は、正義である。（以下略）」(注5)

コールバーグは、「徳」を狭くとらえすぎている。道徳的原理は複数存在しており、正義の他にも、道徳的原理はいくつか存在している。正義という道徳的原理だけによって、日常生活の中で生じる問題のすべてを解決することはできない。道徳的原理の例として、功利主義の原理がある。たとえば、「人々の幸福を最大にするように行動すべきである」という道徳的原理がある。そして、R・S・ピーターズ（R.S.Peters）は、道徳的原理の例として、公平さ、利害の考慮、自由、人々を尊敬することを挙げており、道徳的生活に必要な合理的道徳を主張している(注6)。また、義務論的な道徳や功利主義的な道徳とは異なった視点から、ケアを中心とする道徳の構築も行われている。以上のことから、道徳的原理を正義だけに限定することは、誤っている。

第2に、コールバーグは、正義を形式的基準として考えている。形式的基準の特徴は、具体的な内容を含まないことである。もし正義を形式的基準として主張するなら、具体的な内容を何も言ってはいけない。しかし、コールバーグは、一種の社会的道徳を主張している。

「社会の最も基本的な諸価値が道徳的と呼ばれる。そして、私達の社会の主な道徳的諸価値は、正義の諸価値である。」(注7)

「道徳的原理は行動の規則だけではなく、行動の理由でもある。行動の理由として、正義は人々への尊敬を要求している。」(注8)

このような社会的道徳は、コールバーグの発達段階では、慣習的レベルの道徳に相当している。正義を形式的基準としてとらえることは、普遍化可能性と可逆性を主張することである。個人が置かれた社会的な地位や個人の才能や能力を取り去った「原初状態」から、個人の同意によって正義の原理が導かれる。そして、「無知のベール」という制約が課せられ、社会的地位や個人の能力を取り去った条件のもとで、個人の同意が可能になる。この制約が、公平無私と普遍化可能性という形式的基準を示す。「無知のベール」は、普遍化可能性という形式的基準だけではなく、道徳判断が可逆的であることを示している(注9)。

　普遍化可能性とは、道徳的原理がすべての人に適用できるかどうかを意味している。そして、可逆性とは、立場を入れ替えても、道徳的原理が成り立つかどうかを意味している。普遍化可能性と可逆性は、形式的基準であり、具体的な内容を持たない。しかし、道徳的判断を下すためには、形式的基準だけでは不十分であり、具体的な内容も必要である。コールバーグは、このような批判に対して、初期の段階評定の手続きにおいて、内容と形式が混同されていたことを認めている。そして、新しいスコアリング方法では、道徳的判断の形式を中心として、発達段階を評定している。

(2) 2つの道徳

　C・ギリガン (C.Gilligan) は、正義を中心とする普遍的な道徳とは別に、女性に固有の道徳があると主張している。コールバーグが主張する道徳は、慣習的レベルの道徳が中心になっている。コールバーグによれば、既存の社会的規範と価値を維持することが正しく、よいことである。道徳の問題は、権利や規則の問題である。このような考え方は、男性の道徳と呼ぶことができる。男性の道徳は、正義と関係があり、平等と相互関係の論理と結び付いている。

　これに対して、ギリガンは、女性の道徳が存在することを主張している。厳密に言えば、女性の道徳ではなく、もうひとつの道徳な

のである。この道徳は女性に多く見られるという意味で、女性の道徳と呼ばれる。女性の道徳は、人間関係における思いやりと責任を重視するのである。正義よりも、思いやりの実践や人を傷付けることを避けることが優先される。女性は、このような自己中心性と責任の言語を多く語るのである。自己中心性は、自分本位の決定をすることを意味しており、責任は、道徳的選択において、他者と結び付くことを意味している(注10)。

　確かに、コールバーグが面接した被験者は、男性ばかりであり、女性の被験者はほとんど見られなかった。男性は、発達するとともに分離し、自律に向かう。一方、女性は、自己と他者の関係を重視し、他者と関係を持つことを志向し続ける。

　このように考えると、コールバーグが設定した道徳の発達段階では、女性の発達段階を特定することができない。実際、コールバーグの設定した発達段階を女性に適用すると、第3段階が多く見られる。しかし、この結果は、信頼性に欠ける。コールバーグの発達段階では、女性の道徳を測定できない。コールバーグ自身も、自分の理論に女性の道徳という観点が欠けていることを認めている。

　ギリガンは、女性の道徳が存在することを明らかにするために、多くの女性を被験者にして、面接を行っている。そして、「ハインツのジレンマ」、道徳、自己などについて、女性の考え方や発達を分析している。その結果、女性は男性とは異なる考え方をし、正義より思いやりや責任を重視することが導き出された。さらに、女性は、自己と他者との間の関係を大切に思い、自己中心性と責任との葛藤が見られる。女性の道徳判断の発達段階は、最初の段階の生存への関心から、善さへと焦点があてられていき、最後には、人間関係における葛藤の解決へ十分な指針となる思いやりについての思慮深い理解に至るのである(注11)。

2 道徳の発達段階
(1) 道徳の発達段階の検討

　コールバーグは、道徳の発達段階を設定している。その発達段階は、J・デューイ（J.Dewey）とJ・ピアジェ（J.Piaget）の発達段階の考え方を基礎にしている。段階の概念もピアジェの影響を受けている。すなわち、道徳の発達段階の特徴は、「構造化された全体」、「不変の連続」し、「階層的統合体」の3つである。

　第1に、道徳の発達段階は、「構造化された全体」を示している。その全体は、多様な、表面的には異なる反応を統一する深い構造や組織を意味している。それは特定の状況に向かう態度ではなく、思考の方法全体を規定することを意味している。すなわち、認知的側面で第6段階の者は、動機的側面でも第6段階を示す。

　第2に、道徳の発達段階は、「不変の連続」を示している。すべての子どもは、それぞれの段階を通っていく。6段階のひとつひとつを登っていき、第1段階から第3段階に飛ぶことはない。あらゆる条件の下で、段階の移行は上昇的である。つまり、第1段階から出発し、最終的には第6段階へ向かう。その移行は決して後退しない。子どもは異なる速度で段階を移行し、どの段階で止まるのも可能である。しかし、もし上昇し続けるなら、最後には第6段階に到達するであろう。

　第3に、道徳の発達段階は、「階層的統合体」をなしている。これは、高次の段階が、高次のレベルで再統合される要素として低次の段階を含むことを意味している。ある段階において、その段階は低次の段階を論理的に含意している。その結果、道徳の発達段階の基礎となる論理的構造が存在している。たとえば、第3段階は第2段階を含意し、いずれは第4段階に含意されていく。分化と統合によって、低次の段階は高次の段階に取り入れられていく。低次の段階は人々が受け入れやすく、理解もしやすい、しかし、低次の段階より高次の段階が、人々によって好まれている。

　道徳の発達段階は、3つの水準(レベル)に区分されており、それぞ

れの水準は2段階ずつに再区分されている。「慣習的水準以前」とは、社会の規則、期待、約束事に同調し、それらを支持することを意味している。「慣習的水準以前」は、9歳以下のほとんどの子ども、青年の一部、青年と大人の犯罪者の水準である。次に、「慣習的水準」は、ほとんどの青年と大人の水準である。「慣習的水準以降、自立的、原理化された水準」は、20才過ぎの少数の大人が達している水準である。道徳の発達段階は、次の通りである。

Ⅰ 慣習的水準以前
　このレベルでは、子どもは善悪、聖者という文化的規則やラベルに応答するが、これらのラベルを、行動の物理的、快楽的結果によって、あるいは規則やラベルを宣言する人々の物理的な力によって解釈する。このレベルは、次の2段階に区分されている。
　第1段階　罰と服従への志向
行動の物理的結果が、その結果の人間的意味や価値にかかわりなく、その行動の善悪を決定する。罰を避けることと力に盲従することが、それ自体価値あることとされ、罰や権威により支持される基礎的な道徳的秩序を尊重することによって、価値あることとはされない。
　第2段階　道具的な相対主義者志向
　正しい行動は、自分自身の要求そして時には他者の要求を道具的に満足させるものから成り立っている。人間関係は、市場の人間関係のようなものとみなされている。公正、互恵、平等の分け前という要素は存在している。しかし、それらは常に物理的にプラグマチックな方法で解釈されている。互恵は、「魚心あれば水心」ということであり、忠誠、感謝、正義ということではない。
　Ⅱ　慣習的水準
　このレベルでは、個人の家族、集団、国家の期待を維持することが、直接的で明らかな結果にかかわりなく、それ自体価値があるとみなされる。その態度は、個人的な期待や社会的秩序に対する同調のひとつだけではなく、それへの忠誠すなわちその秩序を積極的に

維持し、支持し、正当化して、それにかかわっている個人や集団と同一視することのひとつである。このレベルでは、次の2段階がある。

　第3段階　対人的同調、あるいは「よい子」志向
　よい行動は他者を喜ばせ、助けるものであり、他者によって承認されるものである。多数の者であるというステレオタイプ化したイメージ、または「自然的」行動への同調が多い。行動はしばしば意図によって判断される。「彼はよい意図を持っている」ことが、はじめて重要になる。人々は「よく」することによって、承認を得る。
　第4段階　「法と秩序」志向
　権威、固定した規則、社会的秩序の維持に対する志向がある。正しい行動は、自分の義務を果たすこと、権威に対する尊敬を示すこと、所与の社会的秩序をそれ自体のために維持することから成り立っている。
　Ⅲ　慣習的水準以降、自立的、原理化された水準
　このレベルでは、妥当性と適用性を持つ道徳的価値と原理を規定しようとする明らかな努力がある。それは、これらの原理を持っている集団や個人の権威から独立し、そして個人がこれらの集団を同一視することからも独立している。このレベルも次の2段階を持っている。
　第5段階　社会契約的な法律志向
　これは一般に功利主義的な含みを伴っている。正しい行動は、社会全体によって批判的に吟味され、合意された一般的な個人の権利と基準によって規定される傾向にある。個人の価値と意見の相対性と、合意に達する手続き上の規則を強調することに、明らかに気付いている。合憲的、民主的に合意されたことの他に、正しさは個人的「価値」と個人的「意見」ということである。その結果は「法律的見地」を強調することである。しかし、社会的功利性を合理的に考慮することによって、(第4段階の「法と秩序」によって、法律を凍結するよりむしろ)法律を変える可能性を強調することを伴って

いる。法律の領域以外では、自由な合意と契約が、義務という拘束力のある要素となっている。これは、アメリカ政府と憲法の「公的」道徳性である。

　第6段階　普遍的な倫理的原理の志向

　正しさは、倫理的包括性、普遍性、一貫性に訴えるような、自ら選んだ倫理的原理と一致する良心の決定によって規定される。これらの原理は抽象的で倫理的である（黄金律、定言命法）。それらは十戒のような具体的な道徳的規則ではない。実際、これらは正義、人間の権利の互恵性と平等、個々の人としての人間の尊厳に対する尊重という普遍的原理である(注12)。

　道徳の発達段階については、道徳的推論の内容と形式の間に介在する側面があると考えられている。この側面は、下位段階AとBとして規定されている。下位段階Aは、他律的な段階であり、下位段階Bは、自律的な段階である。そして、下位段階Bにいる者は、下位段階Aの者に比べて、自分が公正であると選択した行動を実際に行う傾向にある。

　このような道徳の発達段階は、次の問題点を持っている。第1に、コールバーグは、事実としての発達段階と当為としての発達段階を混同している。事実としての発達段階は、人々が実際に発達していく状態を記述している。一方、当為としての発達段階は、人々が発達すべき道筋を示している。当為としての発達段階を設定する時には、その理由付けが必要である。十分な理由もなく、道徳の発達段階が望ましいとは言えない。

　ところが、コールバーグは、2つの発達段階をはっきりと区別していない。もし事実としての発達段階を主張するなら、人々の発達段階を刺激することは必要ない。なぜなら、その発達段階は、人々のあるがままの状態を記述したものだからである。一方、当為としての発達段階を主張すると、その理由付けが問題となってくる。なぜ発達段階を刺激して、段階を上昇させることが望ましいのか。こ

の理由を明確にしない限り、道徳の自然的な発達を刺激することは受け入れられない。

　第2に、道徳の発達段階が高次になるほど望ましいことが、十分に説明されていない。コールバーグの説明によれば、道徳の発達段階は、分化と統合によって一層均衡したものになっていく。そして、高次の段階は、低次の段階を含んでいる。人々は、低次の段階より高次の段階を好む。しかし、たとえこれが本当だとしても、高次の段階の望ましさを説明したことにはならない。もし人々が「好む」ことから「べきである」を導くなら、コールバーグは、自然主義的誤謬に陥ることになる。好むという事実から望ましさを引き出すことはできない。

　第3に、道徳の発達段階において、第6段階が十分裏付けられていない。第6段階にいる者の例として、コールバーグ自身、マーチン・ルーサー・キング（Martin Luther King）、ひとりの大学院生の3人が挙げられている。一方、毒杯をあおいだソクラテス（Socrates）は、第5段階に位置付けられている。これらのことから、第6段階の実例は、現実には極めて少ないことが指摘できる。そうすると、青少年を第6段階まで発達させることが、むずかしくなってくる。したがって、第6段階は経験的に確証されているのではなく、理論的な構成物と考える方がよい。コールバーグも、第6段階を第5段階に含めるように、自分の理論を修正している。

（2）相対主義の克服

　コールバーグは、相対主義を克服し、普遍性を主張している。コールバーグは、R・B・ブラント（R.B.Brandt）から相対主義を学んでいる。ブラントによれば、倫理的相対主義は、次の3つの信念を含んでいる。第1に、道徳的原理は、基本的な点で、文化的に多様である。第2に、その多様性は、論理的に避けることができない。すなわち、道徳的信念の多様性を調停できる、合理的な原理や方法は存在しない。第3に、人々は、自分が持っている道徳原理にした

がって生きていかなければならない。この中の第1の信念が、文化的相対主義を形成する(注13)。

コールバーグは、文化的相対主義が倫理的相対主義を支持しないことを主張している。すなわち、第1に、文化的相対主義と倫理的相対主義とが混同されている。第2に、どのような道徳的信念や原理も、絶対的に妥当ではないという相対主義的な命題と寛容の原理とが混同されている。寛容の原理とは、道徳的信念や原理にかかわらず、すべての人に自由と尊敬を与えることである。第3に、倫理的相対主義と価値の中立性、科学的公平さを混同することである。第4に、「合理的」を「科学的、事実的」、「価値的に中立」と混同することである(注14)。このような議論を経て、コールバーグは、文化的相対主義と倫理的相対主義を否定し、代わりに、道徳の発達段階の普遍性を主張している。

コールバーグは、文化横断的な縦断的研究を行った結果、道徳の発達段階が文化的に普遍であることを主張している。コールバーグは、カナダ、イギリス、イスラエル、トルコ、台湾、ユカタン（メキシコ）、ホンジュラス、インドにおいて面接を行い、文化横断的な研究としたのである。しかし、対象とする文化が、西洋に偏り過ぎていることが指摘できる。その後、世界中の多くの国において、文化横断的な研究がされているけれども、道徳の発達段階は、アメリカ中心の色彩が強い。アメリカはもとより、世界の国々は、それぞれ独自の文化を持っている。道徳についての考え方も、異なっているであろう。したがって、道徳の発達段階の普遍性を主張する時には、注意を必要とする。

たとえば、日本では、「和」が尊ばれている。聖徳太子の時代から、仏教の精神の影響もあり、争いや不一致よりも、和が重視されてきた。604年(推古12年)に制定された憲法17条は、「一に曰く、和を以て貴しとなし、忤（さか）ふること無きを宗とせよ。」と規定している。この中の和は、仏教の和合精神に沿ったものであると理解されている。

和の精神をコールバーグの道徳の発達段階にあてはめれば、第3段階の対人関係の調和あるいは「良い子」志向になるであろう。しかし、和の精神は、小異を捨てて大同につくという最高道徳のひとつであると考えられる。和の精神は、争いを避けることを要請するけれども、自分の立場を捨てて迎合することを勧めているわけではない。和の精神は、争いや対立より1段階上に来る。正義を中心とする道徳の発達段階では、和の精神を位置付けることができない。
　このようなことから、コールバーグが設定した道徳の発達段階は、規則や原理を核とする道徳が支配的な文化だけに適用すべきである。アメリカ文化とは異なった文化に適用する場合には、その文化に固有の道徳観を知っておかなければならない。コールバーグの道徳の発達段階を、安易にアメリカ文化以外の文化に適用すべきではない。また、ギリガンが主張した女性の道徳を考慮すれば、それが適用できる範囲は、さらに狭くなるであろう。

(3) 第6段階に対する疑問
　コールバーグの道徳の発達段階は、J・ピアジェとJ・デューイの考え方を下敷きにして、発展させたものである。子どもが大人になるにつれて、自己中心性を脱していくことや、他律から自律へ向かうこと、慣習あるいは社会で合意された規則の体系を学習していくこと、などが大筋で認められている。
　しかし、コールバーグの道徳の発達段階の中の第6段階については、早い時期から批判が集中していた。第6段階は、経験的データが極めて少なく、確証することができないのである。コールバーグ自身も、このことに気付いていたと思われる。コールバーグは、経験的データが得られないので、第6段階を理論的構成物とみなし、第5段階に含むものとして考えている。
　　「これらの研究結果の確証の側面は、確証が得られない結果によって指摘されている。すなわち、アメリカとトルコの縦断的データにおいて、第6段階を発見することができなかった。この結

果は、次のことを示していた。私の第6段階は、主としてマーチン・ルーサー・キングのような『エリート』が書いたものによって示された理論的構成物であり、経験的に確証された発達的構成要素ではなかった。A・コールビー(A.Colby)のサブステージの分析に照らせば、最も安全な解釈は、第5段階のB（上位の）サブステージを示すものとして、第6段階という構成要素をみなすことであると、私達は考える。」（注15）

第6段階の経験的データが不足していることは、実際に人々はその段階まで達することができないことを意味している。1987年(昭和62年)には、道徳の発達段階の評定マニュアルが、出版されている。その中には、第6段階は、設定されていない。

コールバーグは、第6段階を放棄しているわけではない。あくまで、理論的構成要素として、堅持しようとするのである。その理由は、第6段階が正義の概念を一番はっきりと示しているからであろう。第6段階は、普遍化可能性、可逆性、倫理的原理などを含んでおり、正義を具体化している。規則や権利を内容とする正義を主張する限り、第6段階を除外するわけにはいかない。第6段階を放棄すると、その影響は第5段階にも及び、後慣習的レベルを主張できなくなってしまう恐れがある。したがって、コールバーグは、理論的構成要素として、第6段階を残している。

3 道徳教育の目標と内容・方法
(1) 道徳教育の目標

コールバーグは、道徳の発達段階を重視している。ここから、道徳教育の目標を導き出すことができる。コールバーグが主張する道徳教育の目標は、道徳教育への認知－発達的アプローチを分析することによって得られる。まず、認知的アプローチは、次のことを意味している。すなわち、道徳教育は、道徳的問題や決定についての子どもの活発な思考を刺激することに、その基礎を置いている。次に、発達的アプローチは、段階の意向を道徳教育の目標とみなして

いる。以上のことから、コールバーグによれば、道徳教育の目標は、子どもの道徳的思考の自然的な発達を刺激して、発達段階を上昇させることである。

しかし、道徳の発達段階を上昇させることは、道徳教育の目標としては、不適切である。第1に、高次の段階が低次の段階より望ましいことが、十分に説明されていない。慣習的水準以前と慣習的水準よりも、慣習的水準以降、自立的、原理化された水準の方が望ましいことを明らかにする必要がある。低次の段階より高次の段階が好まれるという心理学的な事実とは別の説明が要求される。

第2に、第6段階は、経験的データが不足しており、理論的な構成要素である。このことは、第6段階が、子どもの発達段階を上昇させるための指針としては役立たないことを意味している。

(2) 道徳教育の内容・方法

道徳教育の内容・方法は、道徳的ジレンマを子どもに提示して、その中身について討論させることである。道徳的ジレンマが道徳教育の内容となり、資料ともなっている。ジレンマ資料は、コールバーグ以外の人によって、いくつか考案されている。道徳的な討論が道徳教育の方法となっている。討論するときに、教師や進行係が子どもの発達段階よりひとつ上の段階に移行するように援助する。子どもの発達段階が上昇するように、子どもの道徳的思考を刺激する。

道徳的な討論のねらいは、次の通りである。
① 学習技能——聞く技能、口語的コミュニケーションの技能、討論に参加する技能——を改善すること。
② 自分に対する尊敬の念を改善すること。
③ 学校に対する態度を改善すること。
④ 鍵概念の知識を改善すること。
⑤ 段階の移行を容易にすること(注17)。

道徳教育の目標を実現するために、道徳的ジレンマについて道徳的な討論が行われる。そして、多様な道徳的ジレンマが作成され、

討論の手続きも確立されている。最も有名な道徳的ジレンマは、「ハインツのジレンマ」であり、病気の妻を助けるために、盗みを犯すべきかを考えさせるものである。「ハインツのジレンマ」は、次のようなジレンマである。

　「ヨーロッパのある国で、女の人が特殊な癌にかかって死にそうになっていました。医者によれば、この人を救うことができる薬が一つあります。その薬は同じ町に住んでいる薬屋が最近、開発したラジウムの一種です。この薬を作るのにはお金がかかりますが、薬屋はその費用の一〇倍の値段をつけています。つまり、彼はラジウムに四〇〇ドルのお金をかけて薬を作り、それを四〇〇〇ドルで売っているのです。この女性の夫であるハインツは、知合い全員にお金を借りに行ったり、あらゆる合法的手段を尽くしました。けれども、薬の値段の半分にあたる二〇〇〇ドルしか用意できませんでした。そこでハインツは、妻が死にそうだからもっと安く薬を売るか、支払いを後回しにしてくれないかと薬屋に頼みました。しかし、薬屋は『だめです。私はこの薬を開発し、この薬で金儲けをしようとしているのです』と言って断りました。ハインツは合法的手段を尽くしてしまったので、とても困って薬屋の店に忍び込んで薬を盗みだそうと考えました。

　ハインツは薬を盗むべきですか。また、それはなぜですか。」
(注18)

このような道徳的ジレンマを用いることについて、次の問題点を指摘することができる。第1に、教材として用いる道徳的ジレンマは、道徳判断を下すための事実的な内容を十分に含んでいない。この道徳的ジレンマは、資料としては不十分なのである。たとえば、ハインツの妻の癌の場所や進行状態が明らかにされていない。癌のできている場所によっては、手術で取り除くことが可能である。また、早期の癌なら、助かる見込みが高いだろう。しかし、それが末期的な癌であり、耐えがたい苦痛を伴うなら、妻の生命を長らえさせることが、必ずしも望ましいことではない。そうすると、薬屋に

忍び込むことも、必要ではなくなる。このように、癌の場所や進行状態の事実関係によって、夫のとるべき行動が異なってくる。

　第2に、薬屋が開発した癌の薬について、疑問が残る。現在のところ、癌の特効薬は研究中であり、まだその結論は出ていない。そこで、薬が本当に効くかどうか、疑わしい。実際、大学生を対象にして、「ハインツのジレンマ」を提示すると、薬の効能についての質問が出てくる。

　具体的な事実が詳しく説明されていないと、「ハインツは薬を盗むべきですか」に答えることは難しい。道徳判断を下すためには、手がかりとなる事実が不可欠である。したがって、資料としての道徳的ジレンマは、事実的な内容を十分含まなければならない。

（3）道徳的討論の進め方

　「ハインツのジレンマ」のような道徳的ジレンマを教材として、児童・生徒は道徳的討論を行う。道徳的討論は、次のように進められる(注19)。

　第1に、児童・生徒に対して道徳的ジレンマを直面させる。教師は道徳的ジレンマの概要を提示し、児童・生徒がジレンマの状況を述べることができるようにする。ジレンマの中で使われている用語は、すべて明らかにされ、主人公が直面する問題を、児童・生徒が理解できるようにする。

　第2に、児童・生徒に仮の立場を述べさせる。教師は、道徳的ジレンマについて、児童・生徒に仮の立場を述べる機会を与える。まず、児童・生徒には、考える時間を与える。次に、児童・生徒には、それぞれ個人的な立場をとる機会が与えられる。児童・生徒は、自分の立場とそれを支持する理由を用紙に書く。そして、教師は、全体としての集団が道徳的ジレンマに対してどのような立場をとるかを決定する。挙手や他の方法で、主人公がとるべき行動について対立があるかどうかを知る。

　第3に、理由付けを吟味する。児童・生徒を小グループに分け、

その中で主人公の行動について、意見を交換する。小グループでの意見交換は、すべての児童・生徒が理由付けを発表する機会を与え、クラス全体の討論への準備となる。小グループでの意見交換の後、クラス全体の討論に移る。

　第4に、児童・生徒の個人的な立場を反映させる。教師は、ジレンマについての児童・生徒の立場を再び反映させるように援助すべきである。児童・生徒は、討論の間に聞いた理由付けを要約するように求められたり、他の人の意見を聞いた後に、自分の立場を述べるように求められたりする。他の人の意見を聞いて、自分の立場を変える者がいるかもしれない。道徳討論の目的は、主人公の行動について、合意に達したり、一定の結論に至ったりすることではない。道徳的討論の過程には、終わりがない。児童・生徒は、自分の立場や他の人からの感想について考え続けることを奨励される。

　児童・生徒が活発な相互作用を行うことができるように、教師は、探究のための質問（probe questions）をしなければならない。そうして、児童・生徒の注意を道徳的ジレンマの道徳的な内容に集中させるのである。探求のための質問の役割は、道徳的ジレンマについて、児童・生徒の発言を奨励することである。たとえば、「あなたは、Aさんの意見に賛成しますか。」、「誰か、ハインツが薬屋に忍び込んだ理由についてのBさんの意見を要約してくれませんか。」、「Cさんの財産権に関する意見について、あなたはどのように考えますか。」などの質問がある。これらの質問は、いずれも児童・生徒同士の相互作用を進めるためのものである。これらの質問の他に、道徳的ジレンマの道徳的側面に討論を集中させるための、特定の型の質問がある(注20)。

　問題に関係した質問（issue-related probes）は、道徳的ジレンマの中の特定の道徳的問題に焦点をあてる。たとえば、生命の価値に関する質問がある。「妻の生命は、薬屋の財産権よりも、大事ですか。」、「ハインツは、たとえ刑務所に入ったとしても、妻の生命を助けるべきですか。」、「もし妻ではなく、知らない人なら、どのようにしま

すか。」などは、妻の生命の重さについて聞いている。

次に、役割を交換した質問（role-switch probes）がある。主人公の立場からの理由を議論した後に、別の登場人物の立場から、理由付けを考えさせる。この質問は、問題や状況の別の側面を明らかにし、複雑な社会的、道徳的状況についての考え方を広げる。たとえば、「薬屋の立場に立つと、ハインツは薬屋に忍び込むべきですか。」、「妻の立場に立つと、ハインツに盗みをしてほしいですか。」などの質問がある。役割を交換した質問は、理由付けの一貫性をチェックすることに役立ち、高次の段階の理由付けを述べる機会を与える。

そして、普遍的な結果を考えさせる質問（universal consequence probes）は、討論の終わりの方で導入される。この質問は、理由付けの結果を考えさせるものである。たとえば、「法律を破れば、すべての人は、罰を受けるべきですか。」、「生命の価値は、財産の価値より常に高いですか。」などの質問がある。これらの質問は、理由付けが社会全体に与える影響を考えさせるものである。

このような探究のための質問は、道徳的討論の進行を助け、道徳的問題の理解を深め、社会全体の枠組みの中で問題を考えさせる。教師は、効果的な質問を適切な時に与えなければならない。

(4) 教師の問題

道徳的ジレンマの討論においては、教師の果たす役割が大きい。道徳的討論が成功するかどうかは、教師の力量にかかっている。教師については、次の問題点を指摘することができる。

第1に、教師の発達段階に、問題がある。ほとんどの教師は、慣習的レベルの発達段階にいる。コールバーグの研究結果によれば、ほとんどのアメリカ人は、第3、4段階であり、慣習的レベルの道徳を示している。道徳的ジレンマの討論において、児童・生徒から高次の段階の理由付けが示されない場合、教師はひとつ上の段階の理由付けを児童・生徒に提示しなければならない。そうして生徒の

発達段階を刺激し、上昇させるのである。もし教師が第4段階にいれば、児童・生徒の発達段階をそこまで引き上げることは、十分可能である。しかし、児童・生徒の発達段階を第5、6段階にまで引き上げることは、難しいであろう。教師は、自分の知らないことや信じていないことを児童・生徒に教えることはできないからである。

　第2に、児童・生徒の発達段階を上昇させるためには、教師は児童・生徒の発達段階を知っておかなければならない。しかし、児童・生徒の発達段階を確定するには、熟練を必要としている。少なくとも、一定の訓練をしないで、道徳の発達段階を確定することはできない。教師は、道徳の発達段階を確定するために一定の訓練を積まなければならない。さらに、たとえ訓練されても、道徳の発達段階を正確に確定することは難しい。このことについて、次のような指摘がある。

　「コールバーグは依然として、道徳判断の段階を確定するやり方を大きく変えている。段階の詳細を経験的に検証することは、決して完全ではない。」(注21)

　道徳の発達段階を確定するやり方が一定しない限り、児童・生徒の発達段階を確定することはできない。そうすると、道徳的ジレンマの討論において、教師が児童・生徒の発達段階よりひとつ上の段階を提示することもむずかしくなってくる。

　第3に、教師はインドクトリネーション(教え込み)をしており、児童・生徒に教師の考えを押し付けている。道徳的な討論において、教師の役割は討論の促進者である。教師は、一方的な注入や教え込みをしてはならないし、コールバーグの主張する道徳教育では、それをしていないとされている。

　しかし、道徳的な討論において、教師が自分の意見を述べることは、児童・生徒の意見よりも重みを持ってしまう。コールバーグによれば、教師の役割は、児童・生徒の発達段階よりひとつ上の段階を示すことである。これは、一種のインドクトリネーションをしていることになる。

インドクトリネーションとは、知識や信念を十分な証拠や理由を示さずに、一方的に教えようとすること、あるいは教え込まれることである。正義の学校（ジャスト・コミュニティ・スクール）において、教師は意図的に知識や信念を教えようとはしていない。しかし、結果的に、児童・生徒は、教師が信じる知識や信念を教え込まれている。教師が児童・生徒の発達段階よりひとつ上の段階を提示することは、「徳の束」を教えることと同じになってしまうのである。インドクトリネーションを避けるためには、十分な証拠や理由を示す必要がある。道徳の発達段階において、高次の段階の望ましさが十分説明されていないので、ひとつ上の段階を示す時には、十分な証拠や理由を示すことができない。

注

(1) 永野重史（編）、『道徳性の発達と教育』（新曜社、1985年）
L.Kohlberg,"Stage and Sequence: The Cognitive-Developmental Approach to Socialization"
in D.A.Goslin （ed.）,Handbook of Socialization Theory and Research （Houghton Mifflin Co.,1980）
邦訳、L・コールバーグ著、永野重史（監訳）、『道徳性の形成』（新曜社、1987年）
L.Kohlberg, A. Higgins, Moral Stages and Moral Education.
邦訳、L・コールバーグ著、岩佐信道訳、「道徳性の発達と道徳教育」（広池学園出版部、1987年）
L.Kohlberg,C. Levine and A. Hewer, Moral Stages : A Current Formulation and a Response to Critics （Karger,1983）
邦訳、L・コールバーグ、C・レバイン、A・ヒューナー著、片瀬一男・高橋征仁訳、『道徳性の発達段階』（新曜社、1992年）
佐野安仁・古田謙二（編）、『コールバーグ理論の基底』（世界思

想社、1993年)

日本道徳性心理学研究会(編著)、『道徳性心理学』(北大路書房、1992年)

荒本紀幸 (編著)、『道徳教育はこうすればおもしろい』(北大路書房、1991年)

荒木紀幸、『ジレンマ資料による道徳授業改革』(明治図書、1991年)

荒木紀幸 (編著)、『モラルジレンマ資料と授業展開・小学校編』(明治図書、1992年)

荒木紀幸 (編著)、『モラルジレンマ資料と授業展開・中学校編』(明治図書、1992年)

梁貞模、『L.コールバーグの道徳理論』(青山社、2003年)

J.Reimer,D.P.Paolitto,and R.H.Hersh,Promoting Moral Growth : From Paget to Kohlberg,Second Edition (Waveland Press,1990)

邦訳、J・ライマー、D・P・パオリット、R・H・ハーシュ著、荒木紀幸(監訳)、『道徳性を発達させる授業のコツ——ピアジェとコールバーグの到達点』(北大路書房、2004年)

諸富祥彦(編著)、『道徳授業の新しいアプローチ10』(明治図書、2015年)(初版は2005年) 81－115ページ。

(2) L.Kohlberg,The Philosophy of Moral Development ; Essays on Moral Development : Volume 1 (Harper and Row, 1981) p.143.

(3) ibid. p. 195.

(4) L.Kohlberg, "Education for Justice : A Modern Statement of Platonic view"
In N. F.Sizer,T.R,Sizer (ed.) ,Moral Education : Five Lectures (Harvard Univ. Press,1970) pp.69－70.

(5) ibid.,p. 58.

(6) R.S.Peters,"Concrete Principles and Rational Passions"

in ibid.,pp. 41－42.
(7) L.Kohlberg,"Education for Justice, Op.Cit., p.67.
(8) ibid., p. 70.
(9) L.Kohlberg,The Philosophy of Moral Development,Op. Cit.p. 197.
(10) C.Gilligan,In a Different Voice（Harvard Univ.Press,1982）
邦訳、C・ギリガン著、岩男寿美子監訳、『もうひとつの声』(川島書店、1986 年) 176 ページ。
(11) 同上、176 ページ。
(12) 道徳の発達段階の特徴については、下記を参照した。
荒木紀幸(編著)、『道徳性の測定と評価を生かした新道徳教育』（明治図書、1995 年)10－12 ページ。
道徳の発達段階については、下記を参照した。訳語は、一部修正した。
永野重史（編）、『道徳性の発達と教育――コールバーグ理論の展開』(新曜社、1985 年) 22－23 ページ。
L・コールバーグ著、岩佐信道訳、『道徳性の発達と道徳教育』、前掲書、171－173 ページ。
L.Kohlberg,"From Is to Ought:How to Commit the Naturalistic Fallacy and Get Away with It in the Study of Moral Development"
In T.M.Mischel(ed.),Cognitive Development and Epistemology(Academic Press,1971)pp.164－165.
cf. L.Kohlberg,The Psychology of Moral Development ; Essays on Moral Development： Volume 2 (Harper and Row, 1984) pp.621－639.
(13) L.Kohlberg,The Philosophy of Moral Development,op. cit.,p. 106.
(14) ibid.,pp.107―114.
(15) L.Kohlberg,"Revisions in the Theory and Practice of Moral

Development",
in W.Damon(ed.),New Directions for Child Development : Moral Development (Jossey-Bass,1978) p.86.

(16) A.Colby,L.Kohlberg,B.Speicher,A.Hewer,D.Candee,J.Gibbs and C.Power,The Measurement of Moral Judgment. Volume l and 2 (Cambridge Univ. Press,1987)

(17) B.K.Beyer,"Conducting Moral Discussions in the Classroom", Social Education ,1976 ,p.195.

(18) L・コールバーグ、C・レバイン、A・ヒューアー著、片瀬一男・高橋征仁訳、『道徳性の発達段階』、前掲書、280ページ。

(19) R.E.Galbraith,T.M,Jones,Moral Reasoning : A Teaching Handbook for Adapting Kohlberg to the Classroom (Greenhaven,1976)pp.62-63.

(20) ibid.,pp.43-50.

(21) J.Rest,"Develpmental Psychology as a Guide to Value Education : A Review of 'Kohlbergian' Program" in D.Purpel,K.Ryan(ed.),Moral Education : It Comes with the Territory (McCutchan,1976)p.271.

第4章　価値の明確化の方法

はじめに

　価値の明確化の方法は、アメリカで注目されている価値教育論のひとつである。価値の明確化の方法は、L・コールバーグの道徳教育と、いくつかの点で異なっている。コールバーグの道徳教育は認知―発達的アプローチを採用しており、道徳の発達段階を設定している。しかし、正義を中心とする道徳を教えることは、インドクトリネーションに相当すると批判されている。

　これに対して、価値の明確化の方法においては、インドクトリネーションを避けることが目指されている。価値の混乱は、問題行動を生じさせると考えられている。その問題行動を減少させるために、価値の明確化の方法が用いられる。また、価値は、価値づけの産物として定義されている。価値の明確化の方法の指導書として、L・E・ラス（L.E. Raths）、M・ハーミン（M.Harmin）、S・B・サイモン（S. B. Simon）の『価値と教授』(Values and Teaching) が1966年(昭和41年)に刊行され、1978年(昭和53年)には改訂版が出ている。1978年(昭和53年)は、日本語に翻訳されている(注1)。価値の明確化の方法は注目されたが、その効果が批判されている。日本では、道徳教育の指導法のひとつとして、位置付けられている。1997年(平成9年)には、『道徳授業の革新――「価値の明確化」で生きる力を育てる』、2005年(平成17年)には、『道徳授業の新しいアプローチ10』、2006年(平成18年)には、『「価値の明確化」の授業実践』が出版されている(注2)。

　本章では、価値の明確化の方法を取り上げ、その全体像を明らかにする、そのため、第1に、「道徳化」と価値が関係する行動を取り扱う。そして、価値の明確化の目的を考える。第2に、価値づけの基準を吟味して、価値の考え方を追求する。第3に、多様な明確化の方策を考察する、第4に、価値の明確化の方法における長所と

短所とを指摘してみよう。

1 「道徳化」と価値が関係する行動
(1) 「道徳化」

　価値の明確化の方法は、インドクトリネーションや説得を中心とする従来の道徳教育に反対している。従来の道徳教育は、次のようなやり方を採用している。①模範を示すこと、②説得し確信させること、③選択を制限すること、④鼓舞すること、⑤規則や規制、⑥芸術や文学を利用すること、⑦文化的、宗教的教義、⑧良心に訴えること。これらのやり方は、いずれもインドクトリネーションや説得を含んでいる。そして、「正しい」答えが、前もって決定されている。

　これに対して、価値の明確化の方法においては、子ども自身が価値を選択していく。この時、教師は、価値判断を加えないで子どもに接することになっている。教師が価値判断を加えることは、「道徳化」(moralizing) と呼ばれており、教師がしてはならないこととされている。「道徳化」とは、ひとりの人や集団から別の人や集団に対して、一連の価値を直接的、間接的に伝達することである。教師は、子どもに対して特定の価値を押しつけたり、注入したりしてはならない。

(2) 道徳が関係する行動

　ところが、価値の明確化の方法では、価値が関係する行動 (the value-related behavior) が前もって決定されており、教師は「道徳化」をしている。この価値が関係する行動とは、価値の混乱を示す行動であり、次の8種類に分類されている。①無感動な、熱意のない、無関心な人々、②注意散漫な人々、③極端に不確実な人々、④非常に一貫しない人々、⑤なりゆきにまかせる人々、⑥同調しすぎる人々、⑦反発しすぎる人々、⑧気どり屋または役割を演じている人々。

これらの行動は、望ましくない行動として前もって決定されている。この時、子どもの問題行動は、教師の価値判断を前提にしている。すなわち、教師は、自ら価値判断を加えている。これは、価値の明確化の方法において、してはならないことである。
　このような価値が関係する行動は、L・E・ラスの研究にもとづいて設定されている。L・E・ラスは、S・ワッセルマン(S.Wassermann)、A・ヨナス(A.Jonas)、A・ローズシュタイン(A.Rothstein)と、思考の研究を行っている。思考は、探究や意思決定と結びついた過程である。思考と行動は結びついており、思考の不完全さや思考経験の不備が、一定の行動に反映される。逆に言えば、行動の多くの例は、思考や思考の欠如を示している。
　そして、思考と行動の関係についての理論は、テストすることができる。その結果、思考する機会を与えると、子どもの「未熟な」行動が減ることが、合意されている。子どもは、自らの行動を再構成し、教師の期待することをくみとることができる。
　思考の過程を無視すると、次のような徴候が行動において見られる。
　① 衝動性
　② 教師に依存しすぎること
　③ 集中できないこと
　④ 意味を見失うこと
　⑤ ドグマ的、独断的な行動
　⑥ 行動の固さ、柔軟性のないこと
　⑦ 自分自身の思考に、まったく自信のないこと
　⑧ 思考したがらないこと(注3)
　これらの徴候をもった行動は、「思考が関係する行動」(the thinking-related behavior)と呼ばれている。これらの行動に基づいて、価値が関係する行動が設定されている。
　次に、価値が関係する行動については、ひとつの仮説が設定されている。その仮説は、次のようになっている。

「仮説は、次の通りである。すなわち、生徒が自らの価値を明確にする機会を与えられると、今までとは異なったように行動する。つまり、一層目的的に、積極的に、堂々と、熱意をもって行動するようになる。」(注4)
　この仮説は、検証可能である。その検証は、次の3段階から成りたっている。
　① 生徒について、価値が関係する行動の度合いを測定する。
　② 価値の明確化の過程を用いる。
　② ふたたび、価値が関係する行動の度合いを測定する。
　この中で、①と③の度合いの差が大きいほど、価値の明確化の方法の効果が高いと言える。子どもが自らの価値を明確にする機会をもつと、より一層目的的に、積極的に、堂々と、熱意を持つようになる。
　価値が関係する行動を測定するためには、10 段階の頻度(frequency)と 6 段階の程度(acuteness)という尺度が用いられている。すなわち、頻度の尺度は、次の通りである。　0－決してしない、1－ほとんどしない、2－多分数ヶ月おきに、3－平均して毎月、4－月に何回か、5－毎週、6－週に何回か、7－毎日、8－毎日何回か、9－毎時間、10－いつも。そして、程度の尺度は、次のとおりである。0－全然しない、1－非常におだやか、2－ややおだやか、3－中位、4－ややはげしい、5－はげしい、6－非常にはげしい。8種類の行動のそれぞれについて、頻度と程度をチェックする。これは、教師が行う評定である。また、子ども同士がお互いに行うこともある。いずれにしても、価値の明確化の方法は、価値が関係する行動に対して有効であるとされている。すなわち、価値の明確化の方法を用いると、価値が関係する行動が減っていくと考えられている。
　しかし、このような測定のやり方については、2 つの問題点を指摘することができる。第1に、行動を観察することは、観察する側の主観や思いこみに左右されやすく、客観性を保障することができ

ない。
　第2に、価値が関係する行動が実際に減ったことを示すデータが、いくつか報告されている。しかし、その調査の方法や結果は、多くの場合、疑問視されている。価値の明確化の方法が有効であるかどうかが、検証されていない。たとえば、H・カーシェンバウム(H. Kirschenbaum)が報告した19の調査結果について、次のことが指摘されている。

　　「彼(訳注、カーシェンバウム)が報告している大部分の研究は、その結果においてきわめてあいまいであり、くわしい説明がなされていない。そして、ほとんどの研究者に必要とされているのは、統計的に意義のある結果である。」(注5)

　価値の明確化の方法を用いることによって、子どもの思考、情緒、行動が望ましい方向に変化しなくてはならない。そして、価値が関係する行動と呼ばれる問題行動は、価値の明確化の方法を用いることによって、減少していかなければならない。しかし、それを確証するための方法や結果が、十分に確立されていない。

2　価値の明確化の目的

　価値の明確化の方法は、万能薬ではない。しかし、その方法は、子どもの選択を容易にし、自己決定を促している。そして、価値の明確化の方法は、次の目的を持っている(注6)。

　① 価値の明確化は、人々を一層目的的にする。人々を一層目的的にするのを援助する方策が、「優先性のはしご」(priority ladder)である。そのはしごは、人々にとってもっとも重要な事柄を見つけるのに役だつ。人々は10ぐらいの項目を挙げるように要求され、その頂点にはもっとも高い優先性が与えられる。この方策によってはっきりした価値を持つと、子どもは一層目的的になる。その結果、この子どもは学習に対して望ましい態度をとり、他の子どもよりも積極的になる。

　② 価値の明確化は、人々が一層生産的になるのを援助する。生産

的であることは、喜ばしいことである。それは、1日の終わりに1日を十分に過ごしたと思うことである。20世紀の知識爆発に対して、事実だけを教えることは、もはや十分ではない。むしろ、自分たちに役立つ知識を判別できるような過程をもつことが、必要になっている。

③ 価値の明確化は、批判的思考を鍛えるのを援助する。価値の明確化に携わった人々は、他の人々の愚かさを見通せる人々である。その人々は、何が真・善・美であるか、何が悪いかを知っており、ウソに対して弱くはない人々である。

④ 価値の明確化は、人々が互いに一層よい関係をもつのを援助する。人々が自分たちのしたいことを知り、強く信ずる時、よい人々になる。よい人々は、頼りになる人々である。問題が起きた時には、きりぬける方法を知っている人々である。価値の明確化によって、人々は目的的で創造的になり、しかも熱意のある人々になる。

これらの目的を具体的に言うと、次のようになる(注7)。

① 8つの不明確な価値をもった行動パターンの強さと頻度を減少させること。
② ある種の逸脱した、破壊的行動を減少させること。(たとえば、麻薬の使用や教室での非協力的な行為。)
③ 自らにおける自己指向と信頼を増すこと。(一層の自己受容を含む。)
④ 示された価値を成熟させること。(一般に未熟と判断された価値から、一層成熟した価値に移行させること。)
⑤ 学習の雰囲気を改善すること。(一層参加し、できごとに対して責任をもち、学習に興味をもつこと。)
⑥ 社会的関係を改善すること。(一層多くの友達、まとまりのある集団、他者と共感すること。)
⑦ 学習の結果を改善すること。(特に、生活に応用するレベルでの読みと学習。)
⑧ 個人的な圧力を解放すること。(問題を表現し、恐れを解放す

ること。)
⑨ 希望と信念を増すこと。(問題が解決され、進歩が可能であり、個人の力が先行することに対して、一層自信を持つこと。)
⑩ 生徒と教師の関係を改善すること。(教師が援助し、親切であることを生徒の側が感ずること。生徒は尊敬と愛情に値することを、教師の側が感ずること。)

　このような目的を見れば、その範囲が広いことがわかる。価値の明確化の方法は、人々を目的的に、生産的にするばかりでなく、批判的思考や人間関係にまで役立つ。さらに、価値の明確化の方法は、道徳教育の他に、社会科、理科、数学などの教科においても適用できる。また、その方法は、カウンセリングの方法となっている。

3　価値の理論
(1)　価値と価値づけの基準

　価値の明確化の方法において、価値は個人的な経験の産物である。価値は行動の指針となるものであり、日常生活の中から生じてくる。価値は、価値づけの過程によって規定されている。すなわち、価値は、価値づけの過程の産物である。価値づけの過程は、次の7つの基準から構成されている。

・選択すること。
　① 自由に選択すること。
　② 選択肢の中から選択すること。
　③ 各々の選択肢の結果を慎重に考慮した後に、選択すること。
・貴ぶこと。
　④ 自分の選択を大切にし、それを喜びとすること。
　⑤ その選択を他者の前で肯定すること。
・行動すること。
　⑥ 選択に基づいて行動すること。
　⑦ 行動を反復すること(注8)。

　これらの基準をすべて満たした時に、価値が生ずる。その基準を

満たさないものは、価値の指標(the value indicators)と呼ばれている。では、これらの基準を順に検討してみよう。

①については、「自由」の中身が問題となる。「自由」とは、どういうことを意味するのか。それは、外からの規制や制限がないことなのか。また、それは、選択できる範囲の大小を意味しているのか。このように考えると、「自由」の中身は複雑であり、もっと詳しく吟味しなければならない。たとえば、友達を選択する時、どの程度の「自由」があるだろうか。少なくとも、自分のまわりにいる人々の中から選択しなければならない。さらに、相手の側からも、友達として認められることが必要である。そうすると、友達を選択する時の「自由」は、かなり狭くなる。次に、子どもは勉強しない「自由」を持つことができるのか。ほとんどの親や教師は、それを認めることができないであろう。

②については、「選択肢」の数と中身が問題となる。ふつう、「選択肢」は、2つ以上必要である。なぜなら、「選択肢」がひとつだけの時には、それを選択せざるをえないからであり、他の選択肢を選択することができない。たとえば、お腹がすいている時に、パンしか食べるものがないという状況では、選択肢はひとつしか存在していない。

次に、「選択肢」が、意図的に制限されることもある。たとえば、母親が子どもに向かって、次のように言うことがある。「宿題をやるか、問題集をやりなさい」。この場合、母親が示した選択肢は、母親の都合のいいように制限されている。テレビを観ること、ゲームをすること、サッカーをすることなどの他の選択肢は、はじめから取り除かれている。したがって、いくつの選択肢の中から選択するかが、大切なこととなる。

③については、2つの問題を指摘することができる。第1に、「選択肢の結果」が、予想できないこともある。そういう時には、どうすればよいのだろうか。たとえば、自動車の自動運転を認めるかどうかという問題がある。自動運転の技術は開発中であり、近い将来

実用化されると予想できる。公道における自動運転については、選択肢が2つある。

　A　自動車の自動運転を公道で認める。
　B　自動車の自動運転を公道で認めない。

　Aを選択すると、事故が起きたとき、だれが責任を取るのかという問題が生ずる。自動車の乗員、自動車を製造した企業、自動運転を認可した国の中で、誰が責任を負うのか。

　Bを選択すると、運転免許証を持たない高齢者は、タクシーを使用することになる。これは不便なことである。

　この中で、特にAの自動運転を認める場合、事故の責任者を決めることは難しい。責任の所在が決まらないと、自動車保険の在り方も決まらない。ひとつの選択肢を選んでも、その結果を予測することは難しい。

　第2に、「選択肢」については、結果の他に動機や道徳的原理を考慮することがある。たとえば、次のような例がある。

　A　川でおぼれている子どもを助けようとして、通行人が川へとびこんだ。しかし、2人とも水死した。
　B　人のために尽くそうとして、全財産を寄付した結果、その人は極貧の中で死んでしまった。

　Aの例では、2人の死という結果よりも、子どもを助けようという動機が、川へとびこむという行動を選択させている。この場合、結果よりも動機の方が優先されたのである。そして、Bの例では、「人のために尽くしなさい」というが内的原理の方が、結果よりも優先されている。このように、選択する時には、結果だけではなく、動機や道徳的原理も考慮される。ただ、道徳的原理については、どのような原理を考慮するかという問題が残る。

　④については、2つの問題を指摘することができる。第1に、大切にすることや喜びの程度や強さが、問題となる。どの程度大切にすれば、価値づけの基準になるのだろうか。この点については、明らかにされていない。

第2に、大切にすることや喜びが価値づけの基準となるかどうか、を問わなければならない。もし大切にしないことや喜びでないことを選択するようなことがあれば、それは価値づけの基準にならない。たとえば、次のような例がある。
　「学校の授業はおもしろくないので、出席したくはない。しかし、出席しないと失格になり、試験を受けられないので、いやいや授業を受けている。」
　この場合、子どもにとって、授業に出席することは、大切にしないことであり、喜びでないことである。この例は、大切でないことや喜びでないことを選択することがあることを示している。
　⑤については、価値づけの基準として受け入れることができない。まず、選択を他者の前で肯定することが、具体的に何を意味するのか、はっきりしていない。それが単に他者の前で自分の選択を発表するだけなら、それはどの意義は認められない。選択を他者の前で肯定することについては、別の理由を見つけなければならない。たとえば、次のことが考えられる。（ⅰ）人々の合意を得ること、（ⅱ）人々の批判に耐えうること、（ⅲ）理由付けを吟味すること、（ⅳ）証拠を集めること、（ⅴ）説明や実験ができること、（ⅵ）一般化できること。この中のどれを目指すかについては、詳しい説明がされていない。
　次に、価値の明確化の方法においては、価値は、個人的な事柄である。したがって、個人が選択し決定したことを他者の前で肯定することは必要ないし、すべきではない。そうすることは、価値の明確化の方法における前提と対立することになる。すなわち、そうすることは、個人の選択や決定を疑ってみることである。さらに、選択を他者の前で肯定することは、集団に共通する規範を前提にしており、個人に対して無言の圧力を加えることになる。それは、集団の規範を個人に押しつけることになる。
　⑥については、選択したことと行動が一致しないこともある。たとえば、バスや電車の中で、老人に席をゆずることを選択したとする。ところが、実際に席をゆずるという行動に至ることは、きわめ

て難しい。頭の中ではそうしようと思いながら、なかなか行動できないのである。この例からわかるように、行動を伴わない選択が存在している。むしろ、行動と選択とは、別のものとして考えた方がよい。

　次に、選択したことから、2つの異なる行動が生ずることもある。たとえば、静かに授業を進めることを選択した教師がいる。ある教師は、体罰を行うという行動を採用している。別の教師は、体罰を用いないで気長に子どもを説得するという行動を採用している。どちらの行動も、静かに授業を進めるという選択に基づいている。このように、選択に基づいた行動と言っても、ひとつとは限らない。

　⑦については、行動の反復は、価値づけの基準として認めることができない。盗みは何度反復しても、価値とはならない。逆に、たった一度しか行動しなくても価値が生ずることもある。ソクラテスは、悪法にしたがって毒杯を飲んだ。同様のことは起きていないけれども、ソクラテスの行動は、価値ある行動とみなされている。したがって、行動の反復は、価値づけの基準とはならない。

　このように、価値づけの基準は、いくつかの問題を含んでいる。価値を定義しようとする試みは評価できるけれども、価値の理論としては不十分である。

(2) H・カーシェンバウムの批判

　H・カーシェンバウムは、価値づけの「基準」という用語には問題があるとして、価値づけの「過程」という用語を用いている。カーシェンバウムによれば、一般に、「基準」は、状況における事実がわかれば、それを満たすかどうかがわかる。しかし、価値づけの「基準」は、そのようにはならない。なぜなら、次のような問題が生ずるからである。すなわち、「貴ぶという基準を満たすためには、どれほど好めばよいのか」、「何回、公に肯定すればよいのか」、「いくつの選択肢が必要なのか」、「いくつの結果を慎重に考慮するのか」、「どれほど自由であるのか」。このような問題には、それぞれの個人が考

え、決定するしかない。

「基準」という用語は、ある人の信念や行動が価値かどうかを別の誰かに決めてもらうことを示している。そして、その「基準」を満たさないと、罪悪感に苦しむようになる。このような理由で、カーシェンバウムは、価値づけの「基準」に反対している。

カーシェンバウムは、価値づけの過程を次のように再構成している。

① 感情
② 考えること
③ 言語的、非言語的に伝達する
④ 選択すること
⑤ 行動すること(注9)

この中の③は、はっきりとしたメッセージを送ること、よく聞くこと、他の人を描写すること、明確化のための質問をすること、葛藤を解決することなどを含んでいる。

カーシェンバウムの修正意見は、次のような特徴をもっている。第1に、効果的なコミュニケーションと感情を取り扱う能力を重視している。第2に、選択を他者の前で肯定することの代わりに、「適切な共有」を主張している。これは、選択を他者の前で肯定することが押しつけるという意味あいを含むからである。第3に、価値づけの過程を「生活の技能」とみなしており、生活の中で学習され、改善されていくものと考えている。

このような修正意見は、価値づけの過程を一層厳密にしようとしている。しかし、残念ながら、この修正意見は、1978年(昭和53年)版の『価値と教授』には、取り入れられていない。すなわち、価値づけの基準は、1966年(昭和41年)以降ずっと一貫しており、変更されたことがない。ただ、5番目の基準については、「公に肯定されること」から「選択を他者の前で肯定すること」へと表現が変わっている。しかし、その中身に変更はない。

(3) 価値と価値の指標

　すべてのものが、価値となるわけではない。価値は、価値づけの7基準をすべて満たしたものである。目的や信念などは、その7基準のすべてを満たしていない。価値は、その目的や信念などから生まれてくる。目的や信念などは、価値となる可能性をもっているけれども、価値とは異なっている。それらは価値の指標と呼ばれており、次の8種類ある。①目標や目的、②願望、③態度、④関心、⑤感情、⑥信念と確信、⑦活動、⑧心配・問題・障害。教師は、これらの価値の指標を価値のレベルに高めるように、子どもを援助する。

　しかし、このような説明では、価値と価値の指標とがどのようにかかわっているのか、明らかではない。たとえば、目標や目的は、どの基準を満たしていないのだろうか。逆に、目標や目的は、特定の基準を満たせば、価値となるのだろうか。これらの問題をいくら考えても、答えが得られない。

4　価値の明確化の方法論

　子どもが明確化の過程を習得するのを援助するために、いくつかの明確化の方策が考案されている。1978年(昭和53年)版の『価値と教授』においては、「対話による方策」、「文章による方策」、「討論による方策」、「結果に気づくようにする方策」、「他の19の方策」に分類されている(注10)。以下において、代表的な明確化の方策を見てみよう。

(1) 対話による方策

　教師が子どもに対して行う質問やコメントが、明確化の応答 (the clarifying responses) と呼ばれている。そのねらいは、子どもが自ら考えるのを援助することである。この明確化の応答は、「対話による方策」として位置づけられている。また、文章で表現されることもあり、子どもの答案用紙にコメントを書くこともある。明確化の応答はあくまで子ども中心に行われるが、教師は自らの価値判断を

押しつけてはならない。たとえば、教師と子どもは、次のような会話をかわす。
　「教師——理科のどこが好きですか。
　生徒——特に? ええと、はっきりしません。理科全般が好きだと思います。
　教師——学校の外で、理科をおもしろいと思いますか。
　生徒——いいえ。
　教師——ありがとう、リズ。私は、仕事にもどらなければなりません。」(注11)
　このような会話は、「一本足の会話」と呼ばれている。なぜなら、教師が、一本足で休んでいる時に行われるからである。こうして、教師が明確化の応答をすれば、それを聞いていた子どもも、後になって会話に出てきた内容を思い出し、考えることが期待される。
　しかし、教師と子どもの会話を見る限り、子どもの思考はまったくゆさぶられていないし、改善していくきざしも見えない。理科についての会話においても、子どもが理科に興味や関心を持つようになるとは思われない。むしろ、疑問を持たせたり、驚きを与えたり、課題を与えたりする方が、子どもの思考に影響を与えることができる。子どもの発言に対して、相づちを打つだけでは、子どもの思考を刺激することができない。
　次に、明確化の応答は30種類用意されており、価値づけの7基準と価値の指標に対して行われている。その明確化の応答に対する子どもの「正しい」答えは、決まっていない。たとえば、次のような応答がある。
　①「あなたが貴ぶのは、これですか。」
　②「それを喜びと思いますか。」
　③「それが起きた時、あなたはどのように感じましたか。」
　④「他の選択肢を考えたことがありますか。」
　⑤「長い間、このように思っていますか。」
　⑥「それは、あなた自身が選んだり、選択したりしましたか。」

⑦「それを選択すべきでしたか。それは、自由な選択でしたか。」
　　(以下略)
　このような明確化の応答は、価値に関係している質問と関係していない質問とを両方含んでいる。そして、両者は、まったく区別されていない。明確化の応答のいくつかは、価値に関係していないことを尋ねている。たとえば、次のような応答がある。
　「それを喜びと思いますか。」
　「長い間、このように思っていますか。」
　「その考えについて、例を挙げられますか。」
　「～と言っているのですか。」
　「これをしばしば行いますか。」
　30種類の明確化の応答をひとつひとつ吟味していくと、その中の多くの応答は、価値と関係していない。また、価値との関係がはっきりしていない応答も存在している。すなわち、「それを喜びと思いますか」の中の「喜び」という用語が、価値と関係しているかについては、意見が分かれる。「喜び」は、もともと感情を表現する用語である。価値の情緒理論によれば、倫理的な言語の機能は、話者の感情を表現したり、聴者の感情を喚起したり、聴者の行動を刺激したりすることである。もし価値の情緒理論を受けいれれば、「喜び」は、価値と関係している。逆に、それを受けいれないなら、「喜び」は、価値と関係しなくなる。
　一方、価値の明確化の方法において、感情は価値の指標のひとつであり、そこままでは価値と認められない。では、感情と価値とは、どのように関係しているのか。この点が、あいまいなままになっている。
　さらに、教師は価値判断を加えてはいけないとしながら、暗黙のうちに価値判断を加えている場合がある。たとえば、「他の選択肢を考えたことがありますか」という応答は、子どもが選んだ選択肢が誤っているという含みを持っている。もし子どもの選んだ選択肢が正しいとすれば、他の選択肢をふたたび考えさせる必要はない。教

師の応答は、意味を持たなくなってしまう。したがって、明確化の応答を中立的で記述的なものにしようと思っても、知らず知らずのうちに教師の価値判断を子どもに押しつけることがある。

　明確化の応答については、ひとつのジレンマが生ずる。そのジレンマとは、次のことである。もし明確化の応答が価値判断をまったく含まないなら、それは価値ではなく事実を問題にすることになる。事実判断を訓練する場合には、それでよい。しかし、価値の問題を考え、自由に選択し、決定するような場合には、それは不十分である。価値と直接かかわるような応答が必要なのである。

　一方、明確化の応答が価値判断を含んでいれば、子どもの価値づけを吟味し、ゆさぶることができる。しかし、これは、インドクトリネーションや説得を行うことであり、「道徳化」を行うことになる。これは、価値の明確化の方法において、禁じられている。このように、明確化の応答が価値判断を含まなくても、含んでも、ともに困ったことになる。

(2) 文章による方策

　価値のシート（the value sheet）は、「文章による方策」として位置づけられている。明確化の応答が個人に焦点づけられているのに対して、価値のシートは、集団に焦点づけられている。そして、子どもが書いた文章は、大きい集団や小さい集団における討論の手がかりとなっている。しかし、基本的に、価値づけは個人的な過程なので、討論は不向きである。価値は、クラス討論や白熱した討論から生じない。

　価値のシートとして、一枚の用紙に文章と一連の質問が書かれてあり、クラスの子どもに配布される。時には、文章は省略され、質問だけのこともある。価値のシートの内容として、社会科、数学、理科、読書と国語、外国語が考えられる。しかし、子どもにとって重要な問題がある。価値のシートのねらいは、子どもにとって価値があると思われる問題について、自ら考えるように援助することで

ある。それらの問題は、価値が豊かな領域（the value-rich area）と呼ばれており、次の10種類ある。①お金、②友情、③愛と性、④宗教と道徳、⑤余暇、⑥政治と社会組織、⑦仕事、⑧家族、⑨成熟、⑩性格特性。

たとえば、その中の友情については、次の質問が用意されている。

「価値のシート6

友情

1. 友情は、あなたにとって何を意味しますか。
2. 友達がいるなら、あなたはその友達を選択したのですか。それとも、偶然に友達となったのですか。
3. あなたは、どのようにして友情を示しますか。
4. 友情を発展させ維持することは、どの程度重要だと思いますか。
5. あなたのやり方で友情を変えようとするなら、どのように変えるつもりかを述べなさい。変えないなら、「変化なし」と書きなさい。」（注12）

このようにして、それぞれの子どもが、価値の明確化を行う。子どもが書いた答えは、後になって他の子どもや教師に示されたり、大小の集団での討論の材料として用いられたりする。

しかし、価値のシートは、集団の規範に同調させるという危険を内包している。すなわち、自分の選択したことを集団の前で発表することは、集団の規範を考慮することを前提にしている。そして、集団の前で発表することは、子どもの答えが平均的なものになる傾向をもたらしている。なぜなら、子どもは、集団に受けいれられたいという欲求をもっているからである。さらに、集団の前で発表する時には、集団の反応が気になるからである。したがって、集団の前で子どもの答えを発表させる時には、同輩集団の圧力に気をつけなければならない。

(3) 討論による方策

　大きい集団における討論は、綿密な計画を必要としている。その討論は、次の4段階を経て進められる。

　弟1に、話題を選ぶ。価値が含まれている話題を選ぶ。それは、子どもの活動から自然発生的に得られることもあるし、教師が提示することもある。いずれにしても、話題は、価値が豊かな領域——友情、お金、規則、家族、きょうだい、家の雑用、宗教、愛、性、仕事、職業、目標、レジャー、政治——に関連している。

　そして、討論の導入として、引用すること、タイトルのない写真、劇や映画のひとつのシーン、挑発的な質問、ユーモアを含む物語などが用いれらる。

第2に、話す前に、ひとりで考える。たとえば、教師はすべての子どもを静かにすわらせ、1～2分の間、質問について考えさせる。また、質問に対する最初の答えを考える時、メモとして書きとめておくようにさせる。

　第3に、集団構造を共有することである。これは、討論が少数の子どもに限定されないように、子どもの集団を構造化することである。すなわち、子どもを2～4人の小グループに分けて、発言しやすい雰囲気をつくる。小グループにおける討論の後、クラス全体の討論に移り、代表者が、自分の考えやグループの考えを述べる。

　第4に、学習したことをまとめるのを援助する。ここでは、子どもがひとりひとり「私は～を学習した」という形で書きとめる。そして、学習したことを小グループやクラスで発表するか、ノートに書いておく。又は、教師のために残しておく。

　このようにして、討論が進められる。そうして、子どもの価値が明確になる。

　次に、討論には2種類あり、内容の討論（the subject-matter discussion）と価値の討論がある。内容の討論では、具体的な内容を教えることが、目的となっている。そして、教師は、データの間違いを指摘し、答えの適否を判断し、正しいか間違っているかの基

準を与える。

　一方、価値の討論では、子どもの価値を明確にすることが、目的となっている。教師は、自分の好まないような判断でも、受けいれなければならない。もし教師が子どもの発言を制限すれば、子どもが自己決定する権利を奪うことになる。その結果、同調、無関心、決定しないこと、反発しすぎることが生ずる。価値の討論では、結論や合意はなく、テストの項目もない。教師は、「私は〜を学習した」ことを子どもに書かせて、討論を終わる。もちろん、価値の明確化の方法は、このような価値の討論を主張している。

　価値の討論において、子どもがはっきりとした価値を発達させるために、教師は次のことを行う。①子どもが、問題の中の選択肢と結果を吟味するのを援助する。②すべての人にとって、いつでも「正しい」ことを直接的、間接的に子どもに言わない。③自らの価値について卒直であること、そして、その価値が他者によって盲目的に採用されないことを主張する。④時には、無分別と思える行動を制限する。しかし、他の状況で異なることを信じたり、異なる行動をしたりする権利を決して制限しない。⑤個人が自ら選択し、生活とのかかわりを考えることの重要性を指摘する。

　教師は、価値の討論において、微妙なインドクトリネーションを避けることなっている。しかし、現実には、教師の発言の中に教師自身の価値判断が含まれており、インドクトリネーションが行われている。たとえば、テストにおいて正直であるか、不正直であるかについての討論がある。教師は、4つの選択肢——正直である、不正直である、わからない、時には正直であり、時には不正直である——があることを要約する。そして、それぞれの選択肢の結果を考えるように、子どもに伝える。ここまでは、問題がない。しかし、教師は、「このクラスでは、テストにおいて正直であることを私は期待する」と述べたとしたら。これは明らかに教師自身の価値判断であり、子どもに押しつけることになる。

　また、討論は、価値のシートを用いる時、不適切であるとされて

いる。その理由として、次のことが挙げられている(注13)。
① 価値の討論は議論に向かい、自分が信じていない立場を擁護するようになる。価値は、擁護的でない、開放的な、思慮深い雰囲気を必要とする。
② 討論の参加者は、他の生徒や教師を喜ばせたいという要因によって動機づけられている。
③ 価値づけは、個人的な過程である。人は、集団の合意から価値を得ることができない。人は、自ら選択し、貴び、行動しなければならない。
④ 価値づけは能動的な過程であるけれども、討論においては、ほとんどの人が受身的になる。
⑤ 討論は、集団の合意、リーダーの意見、教師の発言を受け入れるように個人に対して圧力を加える。価値は、何かを受け入れるための圧力から生じない。

このような理由は、討論による方策にもそのままあてはまる。価値の明確化の方法において、討論は、個人の価値を明確にするための方策になっている。討論は、個人の価値を他者の前で、他者といっしょに吟味することではない。また、集団の知性を信じて、合意を得るために討論するのではない。むしろ討論は、個人が価値づけの過程を習得し、自ら選択し、貴び、行動するためのひとつの方策にすぎない。

(4) 結果に気づくようにする方策

この方策のねらいは、自分の行動の結果に注目させ、予想させることである。このねらいを達成するために、物語の主人公がとる行動の結果を尋ねたり、来週の行動の結果を子どもに考えさせたりする。そうして、行動の結果に気づくようにさせる。

行動の結果については、L・コールバーグの研究に基づいて、発達段階を次のように設定している。

レベル0　結果に気づかない

「私はしたかったから、それをしただけである。」
レベル1　罰
　　「私は、トラブルにまきこまれたくない。」
レベル2　自己利益
　　「私は、世話をしてもらうために、他者を必要とするる。」
レベル3　他者からの是認
　　「私は、今日よい子にしていたと思う。」
レベル4　安定と構造
　　「すべての者が、十戒を信ずるべきである。」
レベル5　個性
　　「私たちは、最善を尽くすために努力し、決定すべきである。」
レベル6　正義を強調した複雑な全体
　　「もし立場が逆転すれば、他者に私を取り扱ってもらいたいように、他者を取り扱って生きていきたい。」

　このような発達段階を考慮すれば、子どもの思考を刺激し、発達段階を上昇させることが必要になってくる。しかし、発達段階を上昇させるために、刺激を与えることは、インドクトリネーションや説得に相当する。たとえば、盗みについて、次のように説明されている。

　　「もし私たちが生徒と盗みについて話をし、すべての者が盗みをすると、その盗みは正しい（レベル3）という立場を生徒がとるなら、私たちは、法律の重要性（レベル4の考え）について話をするであろう。」（注14）

　しかし、子どもの発達段階よりひとつ上の理由付けを示すことは、インドクトリネーションに相当している。これは、価値の明確化の方法において、してはならないことである。

　次に、「他の19の方策」については、名前だけ挙げておく。①ランクづけ、②価値のペア、③思考のシート、④1週間の行動のシート、⑤未完成の文章、⑥生徒の記録された用紙、⑦時間の日誌、⑧自伝についてのアンケート、⑨公の面接、⑩意思決定の面接、⑪投

票、⑩コメントしないで 5 分間引用すること、⑩価値のレポート、⑩行動プロジェクト、⑩役割演技、⑩考案されたできごと、⑤ジグザグのレッスン、⑩悪魔の主張、⑩価値の連続体。

(5) 明確化の方策の調査結果

　明確化の方策のひとつとして、[あなたの好きな 20 の事柄] (Twenty Things You Love to Do) という方策がある。これは、価値の明確化のハンドブックの最初に乗せてある方策である（注15）。この方策を学生に実施させると、学生は、積極的に取り組むことが多かった。
　第1に、被験者としての学生の大半は、興味をもって、この方策に取り組んでいた。
　第2に、道徳教育のプログラムと言うより、ひとつのゲームのようなものとして、受けとめられた。したがって、堅苦しい雰囲気ではなく、なごやかな雰囲気で方策に答えていた。
　そして、調査結果については、次のことが注目された。
　第 1 に、同じ学生が、「ひとりでくらしたい」ことと「結婚したい」ことという、互いに反対のことを答える場合がある。これは、どのように考えればよいのだろうか。おそらく、ひとり暮らしをした後で、結婚したいと考えているのであろう。しかし、本当のことは、この学生にもっと詳しく聞かなければ、わからないのである。価値の明確化の方法では、被験者の答えについて、問い正すことはできない。
　第2に、学生の中には、したいと思うことが少なく、活動性に欠ける者もいる。たとえば、「ぼーっとしたい」、「何もしないでいたい」と答える学生がいる。このような学生は、価値が関係する行動の中の「無感動な、熱意のない、無関心な人々」に相当している。しかし、明確化の方策によって、それらの学生の行動が変化したかどうかは、わからない。
　第3に、「あなたの好きな20の事柄」という方策では、価値より

も好きなことを尋ねている。もし価値の中身が好きなことであるなら、何も問題はない。しかし、両者は同じことを意味するのではなく、区別すべきである。価値を好きなことと同一視することは、自然主義的誤謬に陥っているのである。したがって、価値と好きなこととがどのようにかかわりあい、どのように異なっているかを説明する必要がある。

5 価値の明確化の方法の評価
(1) 長 所

　価値の明確化の方法の長所として、次のことを指摘することができる。第1に、教師による押しつけや注入が避けられ、インドクトリネーションによらない価値教育がめざされている。中心はあくまで子どもの側に置かれており、子ども自身が選択し、貴び、行動することを学習している。

　教師は「道徳化」をしないで、すなわち自分の価値判断を加えないで、子どもに接する。教師は、子どもが自ら価値づけの過程を習得するのを援助するだけである。教師は子どもに「正しい」価値を教えないし、一定の固定した価値が存在するとも言わない。すべては、子どもの自己選択や自己決定に任されている。

　第2に、教師が特定の価値を押しつけないので、子どもの側からの反発が少ない。価値が関係する行動の中の「反発しすぎる人々」に対しても、価値の明確化の方法が有効である。反発する理由のひとつは、価値が他者によって選択されたからである。自分自身で選択した価値に対しては、反発しないであろう。そのためにも、自ら価値を選択し、貴び、行動することが奨励されなければならない。

　第3に、特定の価値の内容ではなく、価値づけの過程を習得するので、どのような価値の問題にも対応できる。価値づけの過程は、価値を作りだす方法となっている。特定の内容ではなく過程を学習することは、過程主義、方法主義、形式主義と名づけることができる。名称は何であれ、価値づけの過程を学習することは、生産性の

高いことや応用範囲が広いことを意味している。
　第4に価値の明確化の方法において取り上げる問題は、すべて日常生活において生ずる。価値づけの過程を習得すれば、日常生活において出会う問題を解決できるようになる。もし取り上げる問題が日常生活と切り離されていれば、子どもはそれを自分の問題として受けとめないであろう。また、日常生活上の問題なら、その状況について、十分把握することができる。
　第5に明確化の方策は変化に富んでおり、子どもは興味をもって取り組むようになる。道徳教育の内容や方法は、何か堅苦しい印象を与えがちである。しかし、明確化の方策には、そのような印象がまったく存在していない。いわば、ゲームを楽しむようにして、子どもは明確化の方策に取り組む。そのために、多種多様な明確化の方策が考案されている。

(2) 短　所
　価値の明確化の方法の短所として、次のことを指摘することができる。第1に、インドクトリネーションについては、それが何であるかを詳しく分析していない。インドクトリネーションについては、少なくとも2つの考え方がある。
　① 教える内容が、証拠に照らして合理的に根拠づけられないで、伝達されること。
　② 一定の教義を確立させようとする意図をもって伝達すること。
　この他にも、インドクトリネーションの考え方があるかもしれない。価値の明確化の方法において、どのような意味でインドクトリネーションが用いられているのか。この点がはっきりしていない。
　次に、もし②の意味でインドクトリネーションを理解するなら、価値づけの過程を習得させることは、インドクトリネーションに相当する。なぜなら、子どもの側に、価値づけの過程という一定の教義を確立させようという意図をもって伝達するからである。また、宗教教育においては、明らかにインドクトリネーションが行われる。

たとえば、次のように主張されている。

　「私たちは、キリスト教の教育にとって必須の一定の絶対的なことが存在することを認めよう。たとえば、いくつか挙げれば、神が存在すること、キリストの復活、聖霊、十戒の真実性、である。」（注16）

この中の「一定の絶対的なこと」を教えることは、①と②の両方のインドクトリネーションに相当している。

第2に、教師は価値判断を加えないで、子どもに接するとされている。しかし、現実には、教師が価値判断を加え、「道徳化」をしている場合がある。たとえば、価値が関係する行動は、望ましくない行動として価値判断が加えられている。

次に、もし子どもが家に放火することを選択肢として選んだ時、教師は、それが選択の範囲外のことであると子どもに知らせる。すなわち、子どもの選択したことを否定する。この場合、教師は、明らかに自らの価値判断を加えている。

第3に、価値を定義しようとしたことは評価できるけれども、価値の理論については、不十分な点が多い。たとえば、次のことを指摘することができる。

① 自由な選択の範囲が問題となる。どの程度の自由を子どもに認めるのか。まったく何の制限もなしに、自由を子どもに認めるのか。あるいは、一定の制限の中で、自由を子どもに認めるのか。この点がはっきりしていない。少なくとも、家に放火することを選択することは認められていない。では、どういう時に、自由な選択が制限されるのか。これを明らかにしない限り、自由な選択を制限することができない。

② 自分の選択を他者の前で肯定することは、価値づけの基準として受け入れることができない。他者の前で肯定することは、他者の反応を気にすることにつながる。そして、他者に受けいれられるような選択をするようになる。すなようになる。たとえば、テストの時、正直であるべきかという問題がある。不正直であってよいと考

える子どもが、自分の選択を他者の前で肯定することは、非常に勇気のいることである。中には、他者の反応を気にして、自らの選択を変えることもあるだろう。

③ 行動を反復することも、価値づけの基準として受け入れることができない。まず、行動を伴わない価値判断が存在する。たとえば、老後は趣味に生きようと考える人がいる。この人は、老後になって実際に行動する以前に、趣味に生きることを価値づけている。すなわち、行動しなくても、価値判断は成立する。

次に、行動は何回反復すれば、よいのか。この点が明らかではない。逆に、ソクラテスの毒杯のように、たった一度しか行動しなくても、価値が生ずることもある。

④ 価値は個人的なものとされているので、社会によって合意された価値や道徳的原理、他者の欲求を考慮することが難しい。たとえば、「すべて人にせられんと思うことは、人にもまたそのごとくせよ」という黄金律がある。この黄金律は、すべての人に適用される道徳的原理である。価値の明確化の方法では、個人が選択し、貴び、行動しない限り、黄金律を認めることができない。すなわち、すでに承認され、合意された道徳的原理でさえ、そのまま受け入れることができない。

次に、価値づけの過程において、他者の欲求が考慮されていない。価値の明確化の方法では、個人の好みや欲求、興味や関心が重視されている。しかし、その反面、他者の好みや欲求などは、ほとんど考慮されていない。

第4に、明確化の方策は、価値よりも好みを問題にしている。たとえば、「あなたの好きな20の事柄」においては、望ましいことよりも自分の好きなことを挙げるようになっている。ここで、2つの疑問が生ずる。

① 「あなたの好きな20の事柄」を尋ねることは、価値教育や道徳教育と呼べるであろうか。価値教育や道徳教育は価値や道徳について考えたり、学習したりすることである。そうして、子どもの側

の思考や行動に、望ましい変化が見られなければならない。明確化の方策が、それを達成しているかどうかは疑問である。

次に、明確化の方策は、とるにたらない問題を取り扱っている。たとえば、「ランクづけ」という方策において、次のような質問が用意されている。

　「あなたは、次の中のどれが好きですか。——講義、討論、ワークブック。」

この質問によって、何が明らかにされるのか。また、この質問に答えることによって、子どもは何を学習するのか。

一般に、複数の選択肢の中からひとつを選択する場合には、一定の理由付けが存在している。たとえば、講義を選択する者は、理解しやすいことや皆が同じことを学習できることを、理由として挙げる。理由付けを考えないで選択することは、気まぐれにすぎない。明確化の方策では、選択が好みの問題としてとらえられており、理由付けが軽視されている。したがって、「なぜ」ではじまる質問は、ひとつも現れてこない。ただ、明確化の応答の26番目が、理由付けの有無を次のように尋ねているだけである。

　「あなたは、それを言う（行動する）ための理由を持っていますか。」

また、明確化の応答において、価値が関係する質問と価値が関係しない質問とが並列されている。さらに、明確化の応答の大部分は、価値と関係していない。価値と直接に関係している質問は、「これは、あなたが貴ぶものですか」と「あなたは、それを価値づけますか」の2つぐらいである。

第5に、価値の明確化の方法は、倫理的相対主義に陥っている。R・B・ブラント(R.B. Brandt)によれば、倫理的相対主義とは、「等しく妥当であるような、葛藤する倫理的意見がある」(注17)ことを意味している。たとえば、ある子どもが価値づけの過程を経て、学校をサボルことはよいことだと考える。そして、別の子どもは、それを悪いことだと考える。価値の明確化の方法では、教師の価値判

断を押しつけてはいけないので、両方とも受け入れることになる。これは、まさに倫理的相対主義の例である。

　倫理的相対主義にも、2種類の考え方がある。ひとつは、方法論的相対主義であり、もうひとつは、非方法論的相対主義である。方法論的相対主義によれば、葛藤する倫理的意見を調停できるような合理的方法は、存在していない。そして、非方法論的相対主義によれば、そのような合理的方法が存在しないとは言わないないけれども、等しく妥当であるような、葛藤する倫理的意見があることを認めている。

　個人の中で葛藤する倫理的意見は、価値づけの過程によって、ある程度解決される。たとえ倫理的意見が葛藤しても、選択肢の中から適切なものを自由に選択すればよい。困るのは、個人と個人との間で葛藤する倫理的意見が存在する場合である。また、個人と社会規範との間で葛藤する場合もある。そういう場合には、葛藤を解決できるような合理的方法は、存在していない。価値の明確化の方法では、「授業をサボルこと」、「家に放火すること」、「酒やタバコを飲むこと」などを子どもが選択した時に、教師は理由を聞いたり、反論したりすることができない。教師は、自らの価値判断を押しつけてはならないからである。

　倫理的相対主義の批判に対して、価値の明確化の方法は、普遍的に絶対的なことには、関心をもたないと主張している。しかし、少なくとも、価値の明確化の理論と宗教教育は、絶対的なものと考えられている。

注

(1) L.E.Raths, M.Harmin and S.E.Simon, Values and Teaching, Second Edition（Merrill,1978）
　　邦訳、遠藤昭彦(監訳)、福田弘・諸富祥彦訳、『道徳教育の革新──【教師の「価値の明確化」の理論と実践】』（ぎょうせい、1991年）

(2) 諸富祥彦、『道徳授業の革新――「価値の明確化」で生きる力を育てる』(明治図書、2000 年)(初版は 1997 年)
諸富祥彦(編著)、『道徳授業の新しいアプローチ 10』(明治図書、2015 年)(初版は 2005 年)
尾高正浩、『「価値の明確化」の授業実践』(明治図書、2006 年)
(3) L.E.Raths,S.Wasserman,A.Jonus and A.Rothstein,Teaching for Thinking(Teachers College Press,1986)pp.24－27.
(4) L.E.Raths, M.Harmin and S.E.Simon,Values and Teaching, Second Edition（Merrill,1978）p.272.
(5) R.H.Hersh,J.P.Miller and G.D.Fielding,Models of Moral Education：An Appraisal(Longman,1980)p.92.
(6) S.B.Simon and P.de.Sherbinin, `Values Clarification：lt Can Start Gently and Grow Deep', Phi Delta Kappan LVI(June,1975)pp.680－681.
(7) L.E.Raths,M.Harmin and S.B.Simon. Values and Teaching, op.cit. ｐ.249.
(8) ibid. ｐ.28.
(9) H.Kjrschenbaum,`Beyond values Clarification', in H.Kirschenbaum and S.B.Simon (ed.),Readings jn Values Clarification (Winston,1973)pp.105－106.
(10) L.E.Raths, M. Harmin and S.B.Simon. Values and Teaching,op.cit. ｐp.53－196.
(11) ibid.p.57.
(12) ibid.pp.97－98.
(13) ibid.p.116.
(14) ibid.p.146.
(15) S.B.Simon, L.W.Howe and H.Kirschenbaum, Values Clarification：A Handbook of Practical Strategies for Teachers and Students (A&W,1978)pp,30—34.
(16) S.B.Simon,P.Daitch and M.Hartwell,`Values Clarification：

New Mission for Religious Education',
in H・Kirschenbaum and S.B.Simon (ed.),Readings in Values Education, op.cit. p.246.
(17) R.B.Brandt, Ethical Theory (Prentice-Hall,1959) p.272.

第5章　T・リコーナの人格教育論

はじめに

　1980年(昭和55年)代後半から1990年(平成2年)代にかけて、アメリカ合衆国でキャラクター・エデュケーション(Character Education)が台頭してきた。わが国では、キャラクター・エデュケーションを人格教育と訳している。1920年(大正9年)代以降、特定の望ましい価値を教え込むというインカルケーション(inculcation)の考え方が生まれた。インカルケーションは、注入することを意味している。このインカルケーションの考え方は、価値の明確化の方法、L・コールバーグの道徳的発達段階論と並んで、道徳教育論のひとつとして認知されていた。インカルケーションの考え方は力を失っていたけれども、キャラクター・エデュケーションとして、復活してきたのである。わが国でも、関連する著書が何冊か出版され、道徳教育のひとつとして注目されるようになった(注1)。

　本章では、T・リコーナ(T.Rickona) が主張する人格教育（キャラクター・エデュケーション）を取り上げ、人格教育の考え方を考察する。第1に、道徳が衰退してきた背景を理解し、道徳衰退の様相を概観する。第2に、人格教育とは何かを理解する。人格教育の定義を提示し、人格教育の目標を確認する。第3に、学校における道徳教育のあり方を検討する。学校における道徳教育の必要性を述べ、学校で教える価値観を指摘する。第4に、人格教育の内容を明らかにする。尊重、責任、その他の価値概念が、その内容となる。第5に、よい人格の構成要素を指摘する。よい人格は、道徳的認識、道徳的心情、道徳的実践行為から構成される。第6に、人格教育の方法を取り上げる。

1 道徳の衰退
(1) 道徳衰退の背景

　T・リコーナは、道徳が衰退してきたと主張している。この道徳衰退は、社会の変化と関連している。1960年(昭和35年)代と1970年(昭和45年)代に、「個性主義(Personalism)」が台頭してきた。「個性主義」は、「個人の価値、尊厳、自律性を賞賛し、主体的自己あるいは人間の内的生命の高揚を伴って」おり、「責任よりも権利を、参加よりも自由を重視」していた(注2)。「個性主義」は、学校における価値教育のひとつである、価値の明確化の方法をもたらした。価値の明確化の方法では、教師は、子どもに各自が持っている価値を明確にする方法を身に付けさせることを目標にした。この方法は「価値付けの基準」と呼ばれている。

　T・リコーナは、価値の明確化の方法を2点で批判している。ひとつは、価値の明確化の方法が「浅薄な道徳的相対主義」に陥っていることである。子どもが生活必需品を手に入れるために万引きすることを選択した場合、教師は、万引きがいけないことだと主張することができないのである。

　もうひとつは、「したい」ことと「すべき」ことの間に区別を設けないことである。子どもは、自分が万引きをしたいことを理解するけれども、他者の所有権を侵害すべきではないことを理解していない。複数の諸価値の間に、優劣を付けることができない。1970年(昭和45年)代の道徳的ジレンマによる道徳教育は、L・コールバーグによって開発された。道徳的ジレンマの討論は、「過程」すなわち「思考技能」を身に付けさせることが目標であり、道徳の内容を身に付けさせることは目標とされなかった。T・リコーナは、特定の価値概念を教えることを第1に考えている。

(2) 道徳衰退の様相

　「個性主義」が浸透した結果、社会全体に道徳衰退という現象が見られ、若者の間にも、この現象が顕著に見られるようになった。

リコーナは、問題を起こす若者の傾向として、10の様相を指摘している(注3)。
① 暴力と公共物損壊
　青少年の暴力犯罪の増加は、どの人種にも当てはまる。青少年の犯罪は悪質化し、暴力行為は悪魔的信仰の価値観を原因とすることもある。暴力行為は人間だけではなく、他者の所有物にも向けられ、学校の器物損壊は大きな被害をもたらしている。
② 盗難
　万引きは多くの青少年が経験しており、ほとんどの経験者は、機会があればもう一度実行するという考えを持っている。大学図書館からの無断持ち出しは大きな問題となっている。本や資料の一部をかみそりで切り取り、持ち帰ることもひんぱんに起きている。
③ 不正行為
　多くの生徒が、高等学校での不正行為を認めている。さらに、この不正行為を必要なことであると生徒が認めている。不正行為は、中学校の問題だと考えられていたけれども、小学校にも広がりつつある。
④ 権威の蔑視
　生徒は、権威を認めなくなっている。生徒は教師の権威を認めないので、教師の指示に対して反抗的な態度をとり、生徒のしたいように行動する。
⑤ 仲間いじめ
　生徒は、互いにいじめの行為をしている。生徒は侮辱し合い、傷つけ合い、暴力によって問題解決をしている。いじめは身体的なもの、言葉によるものを含んでいる。
⑥ 偏狭な行為
　人種暴力あるいは敵意に関する事件が、大学で数多く起きている。1960年(昭和35年)代の公民権運動によって、偏狭な人種差別は否定されたにもかかわらず、人種に対する偏見が復活しつつある。
⑦ 下品な言葉

児童・生徒は、卑猥な言葉を使うようになってきた。児童・生徒は卑猥な言葉に慣れており、もめごとやけんかの時にも使用している。卑猥な言葉は友達同士だけで使うのではなく、教師にも向けられる。

⑧ 性の早熟と性虐待

下品な言葉の使用は、性行動の低年齢化につながっている。若年者の時期尚早な性的経験は、性規範意識に混乱をもたらしている。子どもへの性虐待は若年化し、著しく増加している。

⑨ 自己中心性の拡大と公民的責任感の衰退

青少年は利己的になっており、実利主義を受容している。実利主義に関しては、金銭を重視する考えが顕著になっている。個人的な富の追求は、逆に公民的責任感の減少をもたらしている。青少年はニュースや公務については、無関心になっている。

⑩ 自己破滅的行動

10代の妊娠率と中絶率は、高い値を示している。エイズの脅威が叫ばれているにもかかわらず、性感染症に注意を払わない。コカインのような薬物の乱用が指摘され、小学校まで汚染されようとしている。アルコール乱用も無視できなくなっており、飲酒運転による事故では、多くの青少年が生命を落としている。自殺企図にとどまらず、自殺率も高く、10代の青少年も自ら命を絶っている。

以上のような若者の傾向の多くは、アメリカ合衆国だけではなく、わが国にも当てはまっている。わが国では、小学校と中学校で道徳が教科化され、意図的で計画的に道徳教育が実施されているはずである。それにもかかわらず、わが国の若者の行動は、改善されていない。授業中に騒ぐこと、教師を尊敬しないこと、言葉遣いが悪いことなどは、日常茶飯事である。極端な場合、小学生が級友をナイフで刺し、けがを負わせることもある。わが国でも、道徳教育を見直す必要がある。

2　人格教育とは何か
(1) 人格教育の定義

　人格教育は、キャラクター・エデュケーションの訳語である。キャラクターは、性格、品性と訳されることが多い。キャラクターを人格と訳すことによって、キャラクター・エデュケーションが望ましいものであるという連想が生まれる。

　人格教育とは何か。T・リコーナによれば、人格教育は、「徳（ヴァーチュー・善の実践）を意図的に教えること」（注4）あるいは、「よい人格を発展させる意図的で、積極的な努力である」（注5）と定義できる。よい人格の特質が徳と呼ばれる。分別、正義、忍耐、勇気のような基本的な徳は、客観的によい人間の特質である。徳は、個人が人生を歩むのを援助するという意味で、個人にとってよいものである。徳は、人類全体にとってもよいものである。徳は、よい人格を規定する道徳的内容を与えてくれる。

　すべての徳は、道徳的知識、道徳的心情、道徳的行為を含んでいる。たとえば、正義という徳を持つものとする。道徳的知識として、まず正義が何であるかを知り、人間関係の中で何が必要かを知らなければならない。次に、道徳的心情として、正義を思いやり、情緒的に正義に関心を持たなければならない。不正義な行動をしたときには、適切な罪の意識を持ち、他の人が不正義に苦しんでいるときには、道徳的に憤慨しなければならない。最後に、道徳的行為として、個人的な関係において、公正に行動することによって正義を実行しなければならない。社会的正義を進めるのを援助するため、市民としての義務を果たすことによっても、正義を実行しなければならない。

　人格教育の定義については、意図的用法と達成的用法とを区別すべきである。徳を意図的に教えることとその徳を実際に達成することとを区別すべきである。T・リコーナの人格教育は意図的に教えることを主張する反面、教えた後に徳を実践しているかの確認は残されたままである。

（2）人格教育の目標

　T・リコーナは、人格教育の目標を2つ掲げている。ひとつは、「若者が賢明になれるよう援助すること」であり、もうひとつは、「彼らが善良となれるよう援助するということ」である(注6)。T・リコーナは、「賢明」であることと「善良」であることを区別している。前者は、知識や学力が身に付いていることを意味し、後者は、望ましいと認められた行動を実行できることを指している。T・リコーナは、優等生の高校生4人が、学校に忍び込み、ガソリン瓶を開け、放火した結果、50万ドルの損害を与えた事件を例示している。この事件は、学業で優秀な成績を収めても、必ずしも道徳的行動を伴わないことを示している。

　しかし、若者が道徳的行動を取ることはなかなか難しいことである。優等生の高校生は、放火が悪いことを知っていたはずである。知識として知っていても、道徳的行動を取ることができないことがある。人格教育の弱点は、道徳的行動を確認できないことである。

　T・リコーナは、人格教育が民主的な社会の実現に不可欠なものであると主張している。歴史的には、T・ジェファーソン(T.Jefferson)の時代の考え方を評価している。民主的な国家を建設しようとすれば、人権の尊重や法律の順守などの民主的な価値観を教える必要があった。学校は、「愛国心、勤勉、節約、利他主義、そして勇気などの徳」を教えようとしていた。もちろん、時代の制約があり、「経済的搾取、人種差別、少数民族差別、そして性差別など」が未解決のまま残されていた。

　人格教育で教えようとする徳の中には、具体的な内容が定まらないものが含まれている。たとえば、愛国心がある。愛国心は、国を愛するというレベルでは問題がない。しかし、戦力を海外に派遣することについては、意見が分かれている。愛国心を学校で教えることについても、意見が分かれている。卒業式で国歌を歌わない教員は何らかの処分をすべきかどうかについても、意見が分かれている。具体的な内容のレベルでは、愛国心の内容が合意されていない。合

意されていないことを学校で教えることはできない。

3　学校における道徳教育
(1) 学校における道徳教育の必要性

　T・リコーナは、学校が道徳教育の場であることを主張している。家庭における道徳教育も大切であるけれども、学校における道徳教育を支援するためのものであると位置付けている。道徳教育を推進すべき理由として、T・リコーナは次の3点を挙げている(注7)。

　第1に、十分に人間的であるために、よい人格を必要としているためである。人間としての成熟の指標である愛と仕事を手に入れるため、よい判断、正直、共感、ケアリング、忍耐、自己規律という性質、すなわち精神、こころ、意思の力を必要としている。

　第2に、学校は、徳のコミュニティと位置付けるなら、よりよい場所であ、教育と学習に役立つ。徳のコミュニティの中で、正直、尊敬、勤勉、親切が模倣され、期待され、教えられ、尊重され、絶え間なくその指導が実践されている。

　第3に、人格教育は、道徳的な社会を建設するという課題に必須なものである。現代の社会が激しい社会的、道徳的問題に苦しんでいることは、明らかである。これらの問題は、家庭の崩壊、暴力の蔓延、礼儀正しさの衰退、限度を超えた食欲、社会のあらゆるレベルでの不正直、低俗化したメディア、性道徳の乱れから生ずる問題、薬物とアルコールの乱用、子どもの自傷行為、性意識の混乱、生命尊重の低下、中絶を認める一方で生誕後の子どもの権利を擁護することの道徳的不一致である。これらの社会的な問題は根が深く、組織的な解決を必要としている。個々の人間の精神、こころ、魂の中に徳が存在しなければ、徳のある社会を建設することはできない。家庭と同じように、学校も徳が育つ最初の苗床のひとつである。

　次に、学校が道徳的な価値概念を教えることとよい人格を形成することに対する理由として、T・リコーナは10項目を挙げている。
① その必要性は明白であり、緊急を要している。

② 価値概念の伝達は文明の働きであり、また常にそうであった。
③ 何百人にも及ぶ子どもたちが両親から道徳教育をほとんど受けていないときに、また教会や寺院のような価値概念主導の影響が子どもたちの生活にみられないときに、道徳教育家としての学校の役割はさらに不可欠なものとなる。
④ 価値観の対立した社会であっても、共通の倫理的基盤は存在している。
⑤ 民主主義は人びと自身による政治であるから、ここでは道徳教育を必要としている。
⑥ 価値観の入らない教育はあり得ない。
⑦ 各個人と人類が直面している最大の問題は、道徳的問題である。
⑧ 学校の道徳教育には広範な基盤があり、支持が拡がりつつある。
⑨ 優れた教師を引きつけ、確保しなければならないとしたら、道徳教育への堂々とした取り組みは不可欠である。
⑩ 困難ではあるが、道徳教育は為し得る仕事である(注8)。

　学校で道徳教育を推進することは、道徳教育の場を考えると、当然の結論である。道徳教育の場は、学校、家庭、地域社会である。しかし、家庭や地域社会における組織的な道徳教育はもはや期待できない。学校だけが、計画性を持って道徳教育を推進できる。

　学校で道徳教育を推進する時に、2つの問題点を指摘できる。第1に、道徳教育の具体的な内容についての合意が必要である。親も学校で教える内容を知らなければならない。親が学校で教えた価値概念を否定すれば、学校教育の成果を期待できない。教師も教える価値概念を十分に理解する必要がある。教師は、自分の信じていないことを子どもに教えることができないであろう。

　第2に、教師は、道徳教育の方法を習得しなければならない。道徳教育を推進するためには、まず、教師を鍛えなければならない。多くの教師が道徳教育を担当するためには、道徳教育の方法はむずかしくてはいけない。誰でも取り扱えるような道徳教育の方法が開発されるべきである。

(2) 学校が教える価値観

　学校で道徳教育を教えるとき、前提は、教えるべき内容が存在するということである。T・リコーナは、学校で教えるべき客観的な内容の存在を主張している。T・リコーナは、次の2つのことを主張している。
① 多元的社会には、学校が教えることのできる、また教えるべき客観的価値のある、普遍的に受容される価値観が存在します。
② 学校は学校が持っている価値観を生徒に提示するのみならず、その価値観を生徒に「理解させ」、「内面化させ」、そして「実践させる」べきです(注9)。

　この中の「普遍的に受容される価値観」の存在については、疑問が残る。多元的社会は、文化、習慣が異なる民族の集まる社会である。あるいは、少数民族もいる。複数の民族に共通するような価値観の存在については、確認する必要がある。たとえば、鯨を殺して食べることは、動物虐待なのか、それとも食生活のひとつの形態なのか、という問題がある。

　T・リコーナは、2種類の価値概念を区別している(注10)。ひとつは「道徳的価値概念」であり、もうひとつは「道徳に無関係な価値概念」である。「道徳的価値概念」は誠実、責任、公正を大切にしており、義務を伴っている。約束をすれば、約束を守るべきである。請求されたお金は、支払うべきである。子どもの世話をすべきである。他者を公正に取り扱うべきである。このように、「道徳的価値概念」は、私たちが何をすべきかを告げている。

　「道徳に無関係な価値概念」は、何をすべきかの義務を含んでいない。「道徳に無関係な価値概念」は、私たちがしようとしていること、したいと思っていることを表現している。たとえば、クラシックの音楽を鑑賞すること、小説を読むことは、人によっては価値概念となるけれども、それをすべきことにはならない。

　「道徳的価値概念」は、さらに2種類に区分されている。ひとつは「普遍的な価値概念」であり、もうひとつは「普遍性と無関係な

価値概念」である。「普遍的な価値概念」は、あらゆる人々を公平に取り扱うこと、あらゆる人々の生命、自由、平等を尊重することである。これらの価値概念は、あらゆる人々にとって義務となり、人々は、これらにしたがって行動することを求める権利と義務を持つことになる。

「普遍性と無関係な価値概念」は、普遍的な道徳的義務を伴っていない。「普遍性と無関係な価値概念」は、ある人が個人として、自分自身の重要な義務と受け止めていることに対する価値付けである。礼拝のような、個人の特定の宗教に対する義務が、その例である。この義務は、あらゆる人々に当てはまるものではない。

4 人格教育の内容
(1) 尊重と責任

学校で教えるべき「自然道徳律」として、T・リコーナは「尊重(Respect)」と「責任(Responsibility)」を挙げている。これらの価値概念は、英語の頭文字をとって、「2つのR（アール）」と呼ばれている。従来、基礎的な読み書きの能力として、読・書・算のスリー・アールズ(3Rs)が指摘されていた。現在では、算の代わりにコンピューターを入れることもある。スリー・アールズに続く4番目と5番めのR(アール)として、「尊重」と「責任」が位置付けられている。

「尊重」と「責任」の2つの価値概念は、「普遍的な公衆道徳の中核」とされている。2つの価値概念は、「個人の善性、全体社会の善性を推進するという点で客観的、証明できる値打ちを持ってい」る。2つの価値概念は、①健全な個人の発達、②個人間の関係を思いやること、③思いやりのある、民主的な社会、④公正で平和な世界、にとって不可欠である(注11)。

a 尊重

尊重は、「ある人、またはあるものの持っている価値への思いやり

を示すこと」を意味している。尊重は、3つの形式を持っている。第1に、自己を尊重すること、第2に、他の人を尊重すること、第3に、生命のあらゆる様態とその様態を維持する環境を尊重することである。

　自己を尊重することは、自分の生活と自分自身を固有の価値を持つものであるとみなすことである。自己を尊重すれば、薬物やアルコールの乱用に至ることはない。他の人を尊重することは、自分自身と同じ尊厳と権利を持つものとして他の人を取り扱うことである。他の人を尊重することは、黄金律の精神である。黄金律とは、人にしてもらいたいと思うことは何でも、あなたがたも人にしなさいということである。生命全体を尊重することは、動物虐待を禁止し、あらゆる生命体が生きている自然環境を大切にすることである。

　尊重の他の形式は、所有物を尊重すること、権威を尊重すること、「みんなの親切」である。所有物を尊重することは、所有物が人間や人々の共同体の延長線上にあることから生まれる。権威を尊重することは、法的に権威ある人が他の人への思いやりを委ねられていることから生まれる。権威を尊重しなければ、物事がうまく運ばなくなる。「みんなの親切」は、人々を尊重することから派生する。他の人々を尊重する誠意のこもった表情で、「ごめんなさい」や「ありがとうございました」が言えるようにしたい。

b 責任

　責任という価値概念は、尊重の延長線上にある。責任は「対応能力」であり、他の人に注意を払うこと、他の人のニーズに積極的に対応することである。責任は、お互い同士思いやる積極的な義務を強調する。尊重が「すべきではない」という否定的な義務を強調するのに対して、責任は「しなさい」という道徳の能動的な授与的側面を強調する。責任は、人とかかわり合うことによって、他の人を援助することを意味している。責任は、個人の持っている能力を最大限発揮し、家庭、学校、職場で仕事や義務を遂行することを意味

している。責任を強調することは、権利と義務のバランスをとるという課題を考えることにつながる。

ただし、尊重が否定的な義務を強調するという説明は、一面的である。自己や他の人の生命や所有物を尊重することは、能動的な義務である。動物を虐待すべきではないことの裏返しは、動物を大切にしなさい、ということになる。尊重は否定的な義務と同様に能動的な義務を伴っている。

(2) 学校が教える他の道徳的な価値概念

尊重と責任は、学校が教えるべき2つの基本的な価値概念である。学校で教えるべきとされる価値概念は、他に、誠実、公正、寛容、分別、自己訓練、援助、同情、協力、勇気、多くの民主的な価値概念である。これらの価値概念は、尊重と責任に関連するものであるか、あるいは丁重に責任を持って行動することを援助するものである。

誠実は人を欺くことではなく、人を尊重するひとつの基本的な扱い方である。公正は、お気に入りとだけ遊ぶことではなく、人を偏りなく取り扱うことを求める。寛容は、自分たちとは異なる理念、民族、信条の人々に対する公正な客観的態度である。分別は、自分を物理的あるいは道徳的危険にさらすことはしない。自己訓練は、自己品位の低下あるいは自滅的快楽におぼれないで、自分にとって善であるものを追求することである。これらの価値概念は自己尊重と関連している。

援助、同情、協力は、責任を遂行する。援助は、親切にして挙げることに喜びをもたらしてくれる。同情は、人々に責任の意味を知らせてくれ、それを感じさせてもくれる。協力は、人々が人間生存の基盤となる目標に向かって一緒に働かなければならないことを理解させてくれる。

勇気は、尊重と責任の両方を補う価値概念である。勇気は、自分たちの幸せを損ねることに走ろうとするような仲間のプレッシャー

に出会ったとき、若者をそれに立ち向かわせ、自分を大切なものとさせる。勇気は、不正を働く群衆に参加させようとするようなプレッシャーに直面するとき、すべての人に他の人の権利を尊重するようにさせてくれる。勇気は、他の人のために勇ましい断固とした行為を人にさせてくれる。

　民主的な価値概念は、「法律というきまり」、「機会均等」、「法手続き」、「理にかなった論拠」、「代表制政体」、「抑制と調和」、「民主的決断」などを含む、手続き上の価値概念である。これらの民主的な価値概念を学校で教えることは、学校の道徳教育における責任の中核となる。これらの価値概念は、学校で教える「愛国心」を人々に明らかにしてくれる。「愛国心」は、国が創設された当時の偉大な民主的な価値概念に対する忠誠心を意味している。

　学校が教える他の道徳的な価値概念と尊重・責任との関連があいまいである。尊重と責任が基本的な価値概念であるなら、他の価値概念は基本的なものではない。ここから、尊重と責任を上位の概念とし、他の価値概念を下位の概念としてもよいのだろうか。

　あるいは、尊重・責任と他の価値概念が、対等に並列されているとも考えられる。この場合、複数の価値概念が互いにぶつかり合うことなく、調和していることが了解されている。では、卒業式に国歌を斉唱したくない教師はどのように行動すべきであろうか。この教師は、自己を尊重すると、国歌を斉唱しないことを選択する。一方、愛国心を重視すると、教師は、国歌を斉唱すべきことになる。自己を尊重することと愛国心を重視することだけでは、教師が判断を下すことができない。

5　よい人格の構成要素

　人格は、道徳的認識、道徳的心情、道徳的実践行為を含んでいる。これらは、それぞれ下位の構成要素を持っている(注12)。
　道徳的認識
① 道徳的意識——道徳的意識は、2つのことを含んでいる。ひとつ

は、目下の状況が道徳的問題を抱え、道徳的判断を要していることを理解することである。もうひとつは、道徳的判断を下す前に、何が事実であるかを知り、何が正しいかを決めることである。
② 道徳的価値概念の認識——道徳的判断を下す時、道徳的価値概念を認識することが必要である。道徳的価値概念は、生命や自由の尊重、他人に対する責任、誠実、公正、寛容、礼儀正しさ、自己訓練、正直、親切、思いやり、勇気などを含んでいる。これらの道徳的価値概念は、世代から世代へと伝えてきた道徳的遺産である。
③ 道徳的視野の拡大——道徳的視野の拡大は、他の人々の立場に立つ能力であり、他の人々が理解しているように状況を理解する能力であり、他の人々がどのように考え、反応し、感じるかを想像する能力である。道徳教育の基本的目標は、他の人々の観点からこの世界を生徒に経験させることである。
④ 道徳的推論——道徳的推論は、道徳的であることを理解することと道徳的でなければならない理由を含んでいる。道徳的推論は、「各個人に固有の価値を尊重しよう」、「最大多数の最大幸福を実現するよう行動しよう」、「同じような事情のもとで他のすべての人々にされたように行動しよう」などの道徳的原理の解釈も含んでいる。
⑤ 道徳的意思決定——道徳的な問題について考える時に、自分の選択とその結果がどのようなものであるかを熟慮することにより、道徳的な決定をすることになる。
⑥ 道徳的自覚——道徳的な人間になるためには、自分自身の行動を再検討し、批判的に評価する能力を必要とする。道徳的自覚は、自分の長所と短所を知ることと、欲求に基づく行動を事後に正当化するという傾向性を補正することとを含んでいる。
　道徳的心情
① 良心——良心は、何が正しいかという認識的側面と、正しいことをしなければならないという情緒的側面を持っている。不正行為をすることは間違いであると知っていても、それをしないようにする義務があるとは思っていない。成熟した良心は、道徳的義務感の他

に、推定的罪責能力を持っている。行動すべきと良心が感じること をしない場合、罪責感を持つようになる。
② 自尊心——健全な自尊心に対する尺度を持っていると、自分自身を評価でき、尊重するようになる。自尊心を持つと、他の人の承認を気にしなくなる。仲間からのプレッシャーに抵抗でき、自分自身の判断に従うようになる。
③ 感情移入——感情移入は、他の人の経験を自分のものとすることであり、他の人のありさまへの同化である。道徳教育者としての課題のひとつは、相違があっても理解し、共通の人間性に対応していく性質を育てることである。
④ 善なるものへの憧れ——人格の最高の形は、善なるものに対する誠実さに心を奪われている状態のことである。人々が善なるものにあこがれる時、善をなすことを楽しむ。
⑤ 自制——心情が理性を支配できるので、自制が不可欠な道徳的な徳となる。自制はわがままを抑えるのに必要である。
⑥ 謙遜——謙遜は自己認識の感情的側面である。謙遜は思い上がりを抑制し、悪に走ることを防ぐ最上の防護壁となる。

　道徳的実践行為
① 能力——道徳的能力は、道徳的判断や心情を効果的な道徳的行為に転化する能力である。
② 意志——理性の統制のもとに感情を置くため、意志を必要とし、道徳的状況のあらゆる次元を理解し、考えるため、意志を必要とする。
③ 習慣——習慣の力によった正しいことを行うので、子どもはよい習慣を育て、よい人であり続ける豊かな実践をする多くの機会を必要としている。

　T・リコーナは、このように説明しているが、次の疑問を指摘できる。人格が人間の内面を捉えたものである一方、道徳的実践行為は人間の外部にもかかわっている。能力と意志は人間の内面に存在するのに対して、習慣は人間の身体を使った外面的な行動である。したがって、人格の構成要素に道徳的実践行為を含ませることには

無理があるように思える。

次に、人格は望ましいものとして取り扱われているけれども、悪い傾向性も含まれている。自制を人格の構成要素とする時、わがままも人格の構成要素となる。自制とわがままが葛藤した結果、自制が勝つと、よい人格になる。もしわがままが勝てば、悪い人格が生まれる。わがままも人格の構成要素としての資格を持っている。

6 人格教育の方法

尊重と責任を中心とする人格教育を学校で推進するために、T・リコーナは「道徳教育への包括的、包容的アプローチ」を採用する。T・リコーナは、学級の中で実践するクラスルーム方策を9つ、教室外での方策を3つ説明している(注13)。

① 教師は、思いやりがある人、手本、および良い指導者としての役を務めましょう。
② 教師は、教室に道徳的共同体を創造しましょう。
③ 教師は、道徳的しつけを実施しましょう。
④ 教師は、民主的教室環境を創造しましょう。
⑤ 教師は、カリキュラムを通じて価値概念を教えましょう。
⑥ 教師は、協同学習を採用しましょう。
⑦ 教師は、職業的良心を伸ばしていきましょう。
⑧ 教師は、道徳的熟考を奨励しましょう。
⑨ 教師は、葛藤解決を教えましょう。
⑩ 学校は、教室外での思いやりを育成しましょう。
⑪ 学校は、積極的な学校道徳的文化を創造しましょう。
⑫ 学校は、道徳教育推進のパートナーとして親と地域共同社会を迎え入れていきましょう。

人格を形成する方法として、67の方法が掲げられている(注14)。
方法① ベンジャミン・フランクリンが実行した「十三徳育成の方法」を教える。
方法② 名言集を使う。また、学校の中で道徳文化を、掲示その他の

方法で皆の目に触れるようにする。
方法③　生徒・教師・両親に、善い人格を育成しよい人生を送るためには、次のことが不可欠であると伝える。
方法④　善い習慣を形成するために、知性ある教養を身につけること。
方法⑤　人格を形成する行動を通して、よい習慣を形成すること。
（方法⑥以下は略）

　前者の12の方策が理念的なのに対して、後者の67の方法は実践的である。67の方法は、「リコーナ教授が教員や学生を対象に行っている授業の資料、各地の学校で実施されているもの」（注15）から訳者が編集した事例である。

　ベンジャミン・フランクリンの13の徳は、節制、黙秘、規律、決意、節約、勤勉、誠実、正義、中庸、清潔、温和、純潔、謙譲である。これらの13の徳は、平等に取り扱われている。では、13の徳とT・リコーナが提示した尊重、責任、その他の価値概念との関係はどのようになっているのか。誠実はその他の価値概念に含まれるけれども、残りの12の徳については、尊重・責任との関係がはっきりしない。

注

(1) T.Rickona,Educating for Character——How Our Schools Can Teach Respect and Responsibility
　　邦訳、T・リコーナ著、三浦正訳、『リコーナ博士のこころの教育論——＜尊重＞と＜責任＞を育む学校環境の創造』（慶應大学出版会、1997年）
　　T・リコーナ著、水野修次郎監訳・編集、『人格の教育——新しい徳の教え方学び方』（北樹出版、2001年）
　　T.Devine,J.H.Seuk,A.Wilson, Cultivating Heart and Character (International Education Foundation, 2001)
　　邦訳、T・ディヴァイン、J・H・ソク、A・ウィルソン著、上寺久雄監訳、『「人格教育」のすすめ』（コスモトゥーワン、

2003 年)
T.Rickona,Character Matters――How to Help Our Children Develop Good Judgment,Integrity,and Other Essential Virtues、
邦訳、T・リコーナ著、水野修次郎、望月文明訳、『「人格教育のすべて――家庭・学校・地域社会ですすめる心の教育』(麗澤大学出版会、2005 年)

(2) T.Rickona,Educating for Character――How Our Schools Can Teach Respect and Responsibility
邦訳、T・リコーナ著、三浦正訳、『リコーナ博士のこころの教育論――＜尊重＞と＜責任＞を育む学校環境の創造』前掲書、9－10 ページ。

(3) 同上、14－21 ページ。

(4) T・リコーナ著、水野修次郎監訳・編集、『人格の教育――新しい徳の教え方学び方』前掲書、12 ページ。

(5) T.Rickona,Educating for Character――A Comprehensive Approach
in A.Molnar (ed.),The Construction of Children's Character――Ninety－sixth Yearbook of the National Society for the Study of Education PartII (University of Chicago Press,1997) p.46.

(6) T.Rickona,Educating for Character――How Our Schools Can Teach Respect and Responsibility
邦訳、T・リコーナ著、三浦正訳、『リコーナ博士のこころの教育論――＜尊重＞と＜責任＞を育む学校環境の創造』前掲書、6 ページ。

(7) T.Rickona, Educating for Character――A Comprehensive Approach
in A.Molnar (ed.),The Construction of Children's Character――Ninety-sixth Yearbook of the National Society for the

Study of Education PartⅡ, op.cit.pp.45－46.
(8) T.Rickona,Educating for Character――How Our Schools Can Teach Respect and Responsibility
邦訳、T・リコーナ著、三浦正訳、『リコーナ博士のこころの教育論――＜尊重＞と＜責任＞を育む学校環境の創造』前掲書、21－24 ページ。
(9) 同上、41－42 ページ。
(10) 同上、42 ページ。
(11) 尊重、責任、他の価値概念の記述については、下記を参照した。
同上、47－52 ページ。
(12) 同上、58－69 ページ。
(13) 同上、74－76 ページ。
(14) T・リコーナ著、水野修次郎監訳・編集、『人格の教育――新しい徳の教え方学び方』前掲書、79－131 ページ。
(15) 同上、まえがき 5－6 ページ。

第6章　人格教育批判

はじめに

　キャラクター・エデュケーションは、「人格教育」と訳されている。人格教育という言葉は、その教育を推進する際には都合がよい。悪い人格教育は、ありえないからである。しかし、人格教育は万能ではない。少なくとも、人格教育を吟味し、正当な評価を与えなければならない。人格教育を知り、その有効性を確認すべきである。
　本章では、子どもの人格教育を分析し、問題点を指摘する。第1に、人格教育という言葉の持つ魔術的な力を分析する。キャラクターと人格を比較し、人格が道徳的色彩を帯びることを述べる。改正された教育基本法の規定も概観する。第2に、人格と徳を分析する。人格は徳の束ではなく、自律的な存在である。共通の徳はなく、キャラクター・エデュケーションを推進する人によって、徳の内容は異なっている。第3に、道徳的判断を下す時、徳が果たす役割を分析する。事例として、赤ちゃんポスト、女性を助けるために命を落とした警察官、クジラを助ける時に命を落とした真珠養殖業の人、を取り上げる。いずれの場合も、道徳的判断を下す時に、徳は役に立たない。

1　人格教育という言葉
（1）言葉の魔術的な力

　キャラクター・エデュケーションは、アメリカ合衆国で実施されている道徳教育のひとつである。わが国では、このキャラクター・エデュケーションを「人格教育」と訳することが多い(注1)。
　では、「人格教育」とは何か。T・リコーナ(T.Rickona)によれば、人格教育（キャラクター・エデュケーション）とは、徳（ヴァーチュー・善の実践）を意図的に教えること」(注2)である。言い換えれば、人格教育は、「昔からある道徳教育、つまり『意図的に徳を教え

る教育』への復帰のこと」(注3)である。「徳を意図的に教える」道徳教育は、歴史的にはかなり古くから存在していた。1990年(平成2年)代になって、キャラクター・エデュケーションという名称の道徳教育が活発に推進されるようになった。

　しかし、キャラクター・エデュケーションを「人格教育」と訳すことは、適切ではなく、価値付けられた連想を人々に与える。「人格教育」という言葉を聞いた時に、批判したり、欠点を見つけようとしたり、限界を指摘したりすることはしなくてもよいと思ってしまう。言葉は、魔術的な力を持っており、人々が批判的に考えるのを阻害してしまうのである。

　「人格教育」という言葉は、子どもや青年に「よい」教育をするという印象を与える。「人格教育」を施した結果、子どもや青年が「悪い」ことを学習したとは考えられない。「人格教育」は、「悪い」教育を与えるのではなく、「よい」教育を与えるのである。「人格教育」という言葉を聞くと、条件反射的に、何も考えなくても、「よい」教育を連想してしまう。重要なことは、「人格教育」が道徳教育の方法として適切であるか、「人格教育」を実施すれば、子どもや青年の道徳的判断が発達し、道徳的感情が育成されるかを問うことである。

(2) キャラクターと人格

　キャラクターと人格は、どのような関係にあり、どのように異なっているのだろうか。キャラクターは、一般に「性格」と訳されている。広辞苑第6版によれば、「性格」は、「①各個人に特有の、ある程度持続的な、感情・意志の面での傾向や性質。ひとがら。『几帳面な―』→パーソナリティ②広く事物に特有な性質・傾向。『―の異なる組織』」である。パーソナリティを参照するように指示があるので、パーソナリティを調べると、「①人格。個性。性格とほぼ同義で、特に個人の統一的・持続的な特性の総体。②ディスク・ジョッキーなどの司会者。」という説明がある。

　一方、「人格」は、「①人がら。人品。『―を磨く』②パーソナリテ

ィ1に同じ。③道徳的行為の主体としての個人。自律的意志を有し、自己決定的であるところの個人。④法律関係、特に権利・義務が帰属し得る主体・資格。権利能力。」である。

　広辞苑第6版の説明によれば、「性格」が、個人の「感情・意志の面での傾向や性質」であるのに対して、「人格」は、「道徳的行為の主体としての個人」である。「性格」が個人の「傾向や性質」という事実的な内容を意味するのに対して、「人格」は「道徳的」な色彩を帯びている。キャラクターという言葉がもともと個人の「傾向や性質」を意味していたけれども、「人格」という訳語を当てることにより、「道徳的」な色彩を帯びるようになった。

（3）心理学や教育学における人格

　心理学や教育学の分野においても、「性格」と「人格」の関係は微妙である。藤永保・仲真紀子氏監修の『心理学辞典』によれば、「性格」は、「人を他者と区別する心理的な特性の集合体あるいは結合体」（注4）である。この説明には、道徳的な色彩は含まれていない。

　次に、杉若弘子氏他編集の『心理学辞典』によれば、「性格」は、次のように説明されている。

　　「個人を特徴づける持続的で一貫した行動様式を性格という。語源は、ギリシア語で『刻みつけられたもの』『彫りつけられたもの』を意味することから、基礎的で固定的な面をさすこともある。人格（パーソナリティ）と同じような意味で用いられることもあるが、習慣的には、人格が個人が保っている統一性を強調しているのに対し、性格は他者とは違っているという個人差を強調する際によく用いられる。また、人格には価値概念が含まれており、評価された性格が人格であるという見方がある。」（注5）

　この説明においても、「性格」は「行動様式」であり、道徳的な色彩は含まれていない。「性格」が「人格」と「同じような意味で用いられることもある」という指摘は、「性格」と「人格」が区別されずに使用されることを示している。「人格」には、「価値概念が含まれ」

ており、道徳的な色彩を帯びている。
　教育学においても、「人格」は、道徳的色彩を帯びている。坂元忠芳氏他編集の『現代教育学事典』によれば、「人格」は、次のことを意味している。

　　「人格はさまざまに定義され、それにしたがって論者の思想が問われるというように多面的な内容をふくんでいる。しかし、もっとも一般的には、人間が、自分自身および自己の諸行為の主体（主人公）であることを、個体として意識している性質を指す。人格は、この意味では、一定の価値的判断をともなって自己を統一体として意識している状態のことを指す。(以下略)」(注6)

　この説明では、「人格」は、「一定の価値的判断をともなって」いる。「人格」が「一定の価値的判断をともなって」いるから、教育の目的として掲げられるのである。

(4) 教育基本法における人格

　改正された教育基本法第1条は、教育の目的を次のように規定している。

　　「教育は、人格の完成を目指し、平和で民主的な国家及び社会の形成者として必要な資質を備えた心身ともに健康な国民の育成を期して行わなければならない。」

　この中の「人格の完成」は、教育を行った後の結果である。もし人格が途中で完成されたら、もうそれ以上の教育は必要ない。「人格の完成」は、永遠に手に入れることのできない虚構の産物なのである。

　「人格の完成」は、もともと個人のレベルにおける諸能力の発達を意味している。しかし、教育基本法第1条では、個人の発達よりも「国家及び社会の形成者」としての発達が重視されている。個人の発達が、国家や社会のために軽視されてはならない。また、個人は、国家や社会の構成員でもある。T・ブラメルド(T.Brameld)は、社会的自己実現(social-self-realization)を主張している。社会的自己

実現とは、人間が社会的存在としても、個人的存在としても、最大限発達すべきことを意味している。ブラメルドは、社会的自己実現を次のように説明している。

「次のことを強く強調しよう。社会的自己実現は、社会中心であり、同時に個人中心でもある。それが意味する規範は、個人か集団の片方ではなく、個人と集団の欲求を最大限充足することである。(中略)

どの方向から見ても、社会的自己実現は、全包括的な価値である。それは、科学的、美的、宗教的目標だけではなく、経済的、政治的、教育的個人的目標の動的な融合である。すべてのものが追及され、織り交ぜられ、達成される。」(注7)

そして、同法第2条は、教育の目標を次のように規定している。目標は、目的をさらに詳しく、具体化したものである。

「教育は、その目的を実現するため、学問の自由を尊重しつつ、次に掲げる目標を達成するよう行われるものとする。

一　幅広い知識と教養を身に付け、真理を求める態度を養い、豊かな情操と道徳心を培うとともに、健やかな身体を養うこと。

二　個人の価値を尊重して、その能力を伸ばし、創造性を培い、自主及び自律の精神を養うとともに、職業及び生活との関連を重視し、勤労を重んずる態度を養うこと。

三　正義と責任、男女の平等、自他の敬愛と協力を重んずるとともに、公共の精神に基づき、主体的に社会の形成に参画し、その発展に寄与する態度を養うこと。

四　生命を尊び、自然を大切にし、環境の保全に寄与する態度を養うこと。

五　伝統と文化を尊重し、それらをはぐくんできた我が国と郷土を愛するとともに、他国を尊重し、国際社会の平和と発展に寄与する態度を養うこと。」

教育基本法第2条では、教育の目標として、複数の価値あることが述べられている。①幅広い知識と教養、②真理を求める態度、③

豊かな情操と道徳心、④健やかな身体、⑤個人の価値、⑥創造性、⑦自主及び自律の精神、⑧職業及び生活との関連、⑨勤労を重んずる態度、⑩正義と責任、⑪男女の平等、⑫自他の敬愛と協力、⑬公共の精神、⑭生命の尊重、⑮自然を大切にすること、⑯環境の保全に寄与する態度、⑰伝統と文化を尊重、⑱我が国と郷土を愛すること、⑲他国を尊重、⑳国際社会の平和と発展に寄与する態度、である。

　この中の「我が国と郷土を愛する態度」は、いわゆる愛国心のことを指している。自民党は「国を愛する心」にこだわり、公明党が「戦前の国家主義を連想させる」として、「国を大切にする心」を主張した。最終的に、妥協の産物としての条文が決定された。

　「人格者」という言葉は、広辞苑第6版によれば、「すぐれた人格の備わった人」を意味している。「人格者」が万引きをしたり、盗みを働いたりすることは考えられない。「人格者」はよい人であり、悪い人ではない。「人格者」は人格が完成された人であり、教育の最終的な目的として掲げる場合には、その中身をもっと説明しなければならない。

　たとえば、人格が完成された人、正確にはその目的に近付いた人は、「幅広い知識と教養」が身に付いていると仮定する。では、「幅広い知識」とは、具体的に何か。「教養」とは、具体的に何か。これらの問いに答えることは、かなり難しい。義務教育となっている小学校と中学校の教科書に掲載されている知識を修得すると、「幅広い知識」が身に付いたと言えるのか。あるいは、大学や短期大学の教育を受けると、「幅広い知識」が身に付くのか。「幅広い知識」の中身を具体的に分析しないと、これらの問いに答えることができない。

2 人格と徳
(1) 徳の束としての人格
　人格教育を推進するためには、人格の中身を確定しなければならない。人格が何であるかを知らないで、人格教育を推進することは

できない。T・リコーナによれば、「人格とは、徳（美徳・ヴァーチュー）のこと」であり、「善き人格とは、よりよく徳をそなえた人格のこと」である。そして、「より多くの徳、より充実した徳を身につければ、それだけ私たちの人格はより強いものにな」(注8)るとされる。T・リコーナは、徳を次のように説明している。

「徳とは、賢明、正直、親切、勤勉、そして自己修養などのように、客観的に存在し、人間にとって善とされる特質です。徳は、個人にとって、満足のいく生活、調和した人生を送るうえで欠かせません。徳があれば、すべての人間社会でお互いに調和し、生産的に暮らせるようになります。

徳は、本質的に善であり、時代によって変化しないものです。思慮深さ、忍耐、ねばり強さ、勇気はいつでも徳であり、将来もそうでしょう。徳は時代や文化を超越しています。」(注9)

この中で、T・リコーナは、徳を「客観的に存在し、人間にとって善とされる特質」とみなしている。しかし、「人間にとって善とされる特質」は、徳が人間と深く関係していることを示している。人間が善としない特質は、当然、徳にはならない。徳は、人間が「善である」と認めた時にのみ有効となる。徳が人間の意思によって決定される限り、「客観的に存在」することはありえない。「客観的に存在」することは、人間の意思に関係なく存在することを意味している。

徳が「時代によって変化しないもの」であることは、受け入れることができない。人間が善とする徳は、時代によって異なる部分がある。たとえば、経済が上向きで順調な時には、消費が善とされ、徳になる。他方、経済が後退したり、停滞したりする時には、消費に変わって節約が善とされ、徳になる。あるいは、雄弁は、日本の社会では、善とされてこなかった。特に、男性は、黙っていることが徳とされていた。現代になると、人前で演説することが必要になったり、会社では仕事の内容を説明することが必要になったり、外国との交渉では、自信をもって主張することが必要になってきた。

徳の一部は、時代によって強調されたり、されなかったりしている。この意味で、徳は、時代によって変化している。

　人格はその人自身の心的なあり方であり、徳の束ではない。複数の徳を集めると、徳の束になる。T・リコーナは、基本的な価値概念として、「尊重」と「責任」を挙げている。他に、学校で教えるべき価値概念は、誠実、公正、寛容、分別、自己訓練、援助、同情、協力、勇気、多くの民主的な価値概念がある。これらの価値概念は、尊重と責任とに関連があるとされる。

　確かに、尊重と責任は、子どもや青年に身に付けてほしい価値概念である。しかし、尊重と責任を身に付ければ、「人格」が完成されるというのは、言い過ぎである。「人格」は、個人がひとつの統一体として、持っている傾向性である。尊重と責任という構成要素を集めても、「人格」の全体を説明したことにはならない。

　次に、T・ディバイン(T.Devine)たちは、人格教育が、「すべての人々が肯定する普遍的価値から始まる」としている。この中の普遍的価値は「真実の愛」であり、「利他的であること」、「無私」ということである。世界中の人々が尊重する価値と美徳は、「勇気、責任、思いやり、尊敬、正直、忠誠、貞節、許し、自己犠牲」である（注10）。

　人格は、複数の価値や美徳の集合体ではない。むしろ、人格は、個人が出会う状況の中で、勇気ある行動を取ろうと判断したり、責任ある行動が望ましいと判断したりしている。人格は、道徳的判断を実践する主体として認識されなければならない。

(2) 共通の徳

　人格教育は、いくつかの徳を子どもや青年に教えることを意味している。徳は、道徳的価値を端的に表現したものである。人格教育の提唱者によって、徳の内容は微妙に異なっている。

　S・サッドロウ(S.Sadlow)によれば、「性格(character)」は、「私たちが積極的で、尊敬すべき、高潔とみなす、多くの行動と性質の

混合物」である。個人が「性格を持つ」時、私たちが賞賛する特性の多くを示す」(注11)ことを意味している。性格特性には、次のものが含まれる。自己の動機付け、自己の規律、正直、自己の尊敬、他者の尊敬、誠実、開放性、道徳性、説明責任、公正、平和への欲求、応答性、依存性、感情移入、親切である。

　次に、A・C・ドットソン(A.C.Dotson)とK・D・ドットソン(K.D.Dotson)は、家庭で親が実施する人格教育のガイドブックを編集している。ガイドブックの内容は、非常に多くの性格特性である。性格特性は、責任、セルフコントロール、時間順守、尊敬、積極性、率先性、我慢強さ(Patient)、寛容(Tolerant)、正直、創造性、自己の尊敬、感謝、コミュニケーション、親切、寛大(Generous)、元気、楽観性、辛抱強さ(Perseverance)、野心、勇気、慎重、機転、忠実、依存性(Dependable)、情熱、市民性、頼もしいこと(Reliable)、節約、感情移入、楽しさ、よいスポーツ、愛想がいいこと、信頼性、ケアリング、礼儀正しさ、協力である(注12)。

　これらの性格特性の中には、似通ったものが見受けられる。たとえば、我慢強さと辛抱強さ、寛容と寛大、依存性と頼もしいことは、それぞれ場面に応じて使い分ける必要がある。しかし、実際には、使い分けが難しいこともある。

　また、E・A・ウィン(E.A.Wynne)とK・ライアン(K.Ryan)は、8つの「倫理的な理想(ethical ideals)」を挙げている(注13)。これらの理想は、ユダヤーキリスト的価値に由来するものであり、ユダヤーキリスト的伝統を豊かにするギリシアーローマ的伝統に根ざしている。はじめの4つの理想はギリシア語に由来しており、「基本的な徳(cardinal virtues)」と呼ばれている。

　第1に、思慮分別は、慎重に行動する習慣である。第2に、公正は、正しく、公平である性質である。第3に、節制は、行動における自己抑制の状態である。第4に、不屈の精神は、勇気を持って不運に耐える能力である。

　次の3つの理想は、世界の宗教において見られる信仰、希望、博

愛であり、最後に義務が加えられている。信仰は2つの意味がある。ひとつは、神を信頼する能力である。もうひとつは、別の人や団体への信頼を意味している。希望は、よいことを望む習慣である。博愛は心の習慣であり、他の人を好意的に考える傾向性である。最後の義務は、義務を持つ人々に対して誠実にする傾向性である。義務は、責任感を伴う。

　これらの倫理的な理想は、西洋の伝統を重視している。その反面、東洋の伝統は、考慮されていない。仁義や忠孝は、倫理的理想としては不適格であろうか。たとえば、家族愛は倫理的理想にはならないのであろうか。

　儒教において、中心的な倫理的理想は「仁義」である。「仁」は、「もとは外見的な見栄えのよさを示す言葉であったが、(中略) 次第に内面的な美徳を表す言葉」になった。『中庸』の「仁は人なり」が有名であり、南宗の朱子によれば、「仁は心の徳、愛の理」である。春秋時代の孔子が、仁を思想の中心に置いた。孟子は、規範を重視する道徳として、「義」を主張した。孔子の「仁」は、「愛情の持つ情緒性と、その発露の際に要求される規範性が未分化のまま溶けあっていた」とされる。孟子は、仁・義・礼・智の4つの道徳を並べる。これは、人間の感情を4つに分け、惻隠（そくいん）の心（他者に対する同情心）を人間の本性に備わる仁の具体的顕現とした（注14）。

　このように、徳はひとつではない。複数の徳が主張され、共通の徳は見当たらない。複数の徳の間で、基本的な徳とそうでない徳に区別されることはあっても、共通の徳は想定されていない。

　人格教育は、いくつかの徳を子どもや青年に教えることを意味している。教えるべき徳の数と内容は、人格教育の推進者によって異なっている。人格教育は特定の個人の進める教育ではなく、多様性を持った、包括的な教育を意味している。

3 徳と道徳的判断
(1) 赤ちゃんポスト

　人格教育の中で教える徳は、道徳的判断を下さなければならない状況で、どのような役に立つのか。たとえば、「赤ちゃんポスト」を設置すべきかどうかという問題がある。

　「赤ちゃんポスト」は、熊本市の慈恵病院が設置した「こうのとりのゆりかご」のことである。「赤ちゃんポスト」は、事情があって親が育てられない新生児を受け入れるためのものである。蓮田太二理事長によれば、「赤ちゃんポスト」は、「あくまで赤ちゃんの生命を守るための緊急避難の手段」であり、「ゆりかごに置いた後でも、母親が名乗りでて了解すれば、里親の元に行くのも早い」。赤ちゃんを育てられない事情はさまざまであり、慈恵病院では、望まない妊娠に悩む女性からの相談を受ける「妊娠葛藤相談窓口」を設置してきた。女性が赤ちゃんを育てられない場合は、出産の前後から里親の候補を引き合わせ、円滑に特別養子縁組をさせる試みを続けてきた。ゆりかごの設置を構想するようになった背景には、新生児置き去り事件が何件も発生したことがある。蓮田太二理事長は、保育園や病院が新生児を匿名で預かり、里親の窓口になっているドイツを視察するなどして、構想を練ってきた。

　ゆりかごは人目につきにくい病院東側に扉を作り、内部には適温に保たれた保育器を設置する。赤ちゃんが置かれると、待機中の看護師のブザーがなって駆け付ける。扉の前と保育器には母親にあてて「秘密は必ず守る。とにかく病院を信じてまず相談を」という内容のお知らせと手紙も置く予定である。母親が名乗り出て、自ら育てるか、親権を放棄して里親に引き取ってもらうかを決めてもらう。母親が名乗りでない場合は、警察や市役所、児童相談所と連絡を取った上で施設に引き渡す。

　ゆりかご設置の構想について、賛否両論が寄せられた。「赤ちゃんのごみ箱を作るつもりなのか」、「子どもを捨てられると安易に喜ぶ若者を増やす」、「中途半端に助ければ、かえって不幸を招く」など、

捨て子を容認、助長するとの反対論が多い。逆に、「よく勇気をふるって決断してくれた」、「支援させてほしい」と募金も数多く寄せられている。

　厚生労働省は、医療法上の施設の用途変更の許可申請を受けている熊本市の幸山政史市長に、「児童福祉関係法令などに違反するとは言い切れない」と説明し、事実上の容認と報道された。ところが、政府首脳から異論が続出し、当時の安部晋三首相は「ポストという名前、匿名で子どもを置いていけるものをつくるのがいいのかに大変抵抗を感じる」と、消極姿勢を見せた。高市早苗少子化担当相も、子どもを捨てる風潮を助長する懸念を表明した。塩崎恭久官房長官は、「美しい国づくりを目指す安部内閣としても、親が子どもを捨てる問題について法律以前の問題と考えなければならない」と、不快感をあらわにした。

　その後、厚生労働省は、基本的な考え方は変わっていないと説明した。しかし、今後の方針については、「子どもが命を落とす事件があることは考慮しなくてはならないが、容認すると言っているわけではない。保護者が子どもを放置する行為は認められないという点では（首相らと）一致している」と言葉を濁した(注15)。

　人格教育の観点から、この「赤ちゃんポスト」をどのように考えるのか。T・リコーナは、「尊重」と「責任」を主張している。「尊重」については、赤ちゃんの命を尊重すべきである。赤ちゃんの命を尊重することは、否定できないことである。しかし、赤ちゃんポスト設置の推進者も、反対する人も、赤ちゃんの命を尊重している。赤ちゃんポストの推進者は、捨てられた赤ちゃんが寒さなどで死亡することのないように、赤ちゃんの置き場所を制度的に確保しようとしている。一方、反対する人は、赤ちゃんを捨てることのないように、大切に育てることを望んでいる。赤ちゃんの命を尊重することだけから、赤ちゃんポストの設置を推進するか、反対するかを導くことができない。

　視点を変えてみよう。赤ちゃんの命を尊重することは、その命が

本質的価値を持つと言える。本質的価値は、それ自体尊重するに値することを指している。この本質的価値を実現するための手段として有効なのが、手段的価値である。赤ちゃんポストの推進者は、それを設置することが赤ちゃんの命を救うと主張する。この時、赤ちゃんポストは、命を救うための手段的価値を持つと認識されている。赤ちゃんポストに反対する人は、それを設置すると捨て子が多くなると主張し、赤ちゃんポストが手段的価値を持たないと考える。このように、本質的価値と手段的価値とを区別すると、道徳的判断に至る過程が理解できる。

「責任」については、赤ちゃんの保護者、病院の責任を考えるべきである。保護者は、赤ちゃんを大切にする責任を持っているので、安易に赤ちゃんを捨てるべきではない。赤ちゃんを育てられない事情があれば、その事情を解決することが先決である。保護者が赤ちゃんを捨てなければ、赤ちゃんポストについての議論は生じない。

病院は、人々の命を救う責任を持っている。赤ちゃんの命を救うのも、病院の果たす責任のひとつに含まれる。病気の赤ちゃんを治療し、命を救うことは、病院の責任のひとつである。しかし、赤ちゃんポストを病院に設置すべきかどうかについては、病院の責任に含まれるのか、疑問である。病院に設置しなくても、児童相談所、警察、市役所に設置するという選択肢もある。むしろ、赤ちゃんポストは、公的な場所に設置するのが、本来の在り方である。

このように、「尊重」と「責任」をいくら考慮しても、赤ちゃんポストを設置すべきかどうかの結論を得ることができない。「尊重」と「責任」という徳を理解しても、赤ちゃんポスト設置の問題を解決することができない。

(2) 人の命と自分の命

2007年（平成19年）2月6日午後7時半ごろ、警視庁板橋署常磐台交番の宮本邦彦巡査部長が、東京都板橋区常盤台1の東武線ときわ台駅で、線路に立ち入った39歳の女性を救助しようとして、

駅を通過しようとした池袋発小川町行き急行電車にはねられた。2人は近くの病院に運ばれた。宮本巡査部長は頭を強く打っており、頭がい骨骨折などのため緊急手術を受けた。その後も意識不明の状態が続き、集中治療室で治療を受けていたけれども、12日午後2時25分に死亡した。巡査部長は2階級特進となり、警部になった。女性は足を骨折して入院中であり、命に別条はない。女性は事故前に、「死にたい」などと話していたという。常盤台交番には、近隣住民のほか、奈良県や新潟県などからも記帳者が訪れた。その人数は300人を越え、交番内には千羽鶴のほか、ユリやキクの花、匿名の男性が持参した「誇り」と書かれた色紙も飾られた(注16)。

　宮本警部は、どのような道徳的判断をしたのか。まず、人の命は大切であるという道徳的判断をしていた。人の命の大切さは宮本警部のような警察官だけではなく、一般の人々も知っていることである。T・リコーナの主張する「尊重」に関連付ければ、人の命を尊重していた。女性が線路に立ち入り、電車にはねられる危険があれば、女性の命を助けるべきだという道徳的判断を下すことになる。この時、宮本警部自身の命は、二の次になっていた。宮本警部の頭の中は、危険が迫っている女性の命を救いたいことでいっぱいであったと想像できる。

　次に、T・リコーナの主張する「責任」に関連付ければ、宮本警部の責任は二重になる。ひとつは、ひとりの人間として、見知らぬ人であっても、その人の命が危険にさらされれば、助ける責任がある。もうひとつは、宮本警部は、職業上の倫理規範として、目の前の人の命が危険になれば、助けに行く責任がある。職業上の責任が、一般の人の責任よりも重い。一般の人が、自分の命と引き換えに、他の人を助けに行かなくても、責めることができない。自分の命を危険にさらさないやり方で、他の人の命を助ける方法を考えればよい。中には、他の人の命を助けないで、通り過ぎる人もいるかもしれない。しかし、警察官には、一般の人よりも厳しい倫理が要求される。警察官の場合、他の人の命を助けないで、通り過ぎてはいけ

ない。そうした行動を取れば、必ず非難され、警察官失格とされる。警察官であれば、人の命が危険にさらされれば、命を救うための行動を取らなければならない。

　宮本警部の場合、自分の命の危険にさらして、女性を救助することに専念した。宮本警部は、ひとりの人間として行動したのか、警察官としての義務を果たしたのかははっきり確定できない。警察官もひとりの人間であることを考えれば、宮本警部は、自分の命をもっと大切にすることもできた。しかし、結果として、宮本警部は、女性を救助するために、自分の命を落としてしまった。宮本警部は、女性の命を助けることだけを考えていたと推測できる。自分の命が危険になるかどうかについては、考えていなかったと推測できる。

　T・リコーナの主張する尊重と責任という徳からは、取るべき行動が見えてこない。人の命を尊重することは、誰でも知っていることである。他の人の命を助けるために、自分の命を犠牲にすべきかどうかについては、意見が分かれる。判断する人の置かれた立場によっても、結論が異なってくる。職務上の責任があっても、警察官に命を捨てて人の命を助けるべきだとは言えない。警察官の命を犠牲にすることは、命を軽く考えることになり、命を尊重しないことになる。他の人の命が危険である時、警察官が何もしなければ、非難されても仕方がない。しかし、警察官に自分の命を捨てることを要求することはできない。

(3) 人の命とクジラの命

　2007年（平成19年）3月13日の午前6時ごろ、愛媛県宇和島市三浦西の宇和島湾で、マッコウクジラとみられるクジラが、浅瀬に迷い込んでいるとの連絡が、宇和島海上保安部に入った。

　小型船が、午後3時20分ごろ、クジラを沖に逃がそうと救出作業をしていたところ、クジラが暴れ、小型船が転覆し、3人が海に投げ出された。2人は救助されたけれども、真珠養殖業山本宣行さん（58歳）が死亡した。クジラは、船で引く前の浅瀬に自力で戻っ

た。宇和島海上保安部や愛媛県宇和島地方局がクジラの嫌がる金属音を海中で流し、沖へ誘い出そうとしても、動かなかったため、午後から小型船で胸びれにロープをかけ、沖へ引っ張り出そうとした。午後3時20分ごろ、クジラが突然暴れ出し、小型船が転覆したのである(注17)。

　T・リコーナの主張する「尊重」に関連付ければ、クジラの命が尊重された。浅瀬に迷い込んだクジラの命を助けるために、小型船で引っ張ることが決断された。結果的に、クジラの命は救われたけれども、ひとりの人間の命が失われた。クジラの命と人間の命を比べれば、一般的には、人間の命の方が重い。しかし、現実的には、人間の命を犠牲にして、クジラの命が救われた。T・リコーナの主張する「尊重」からは、人間の命とクジラの命のどちらが大切かは、決定できないし、迷い込んだクジラに対して、どのような行動を取るかを決定することができない。

　次に、T・リコーナの主張する「責任」に関連付ければ、真珠養殖業の山本さんには、クジラを救う責任はないはずである。ましてや、自分の命をかけてまで、クジラを救う責任はない。責任をいくら考えても、山本さんの行動を説明することはできない。山本さんは、責任からではなく、クジラに対する愛情から救おうとしたのである。山本さんは、迷い込んだクジラをそのまま放っておけなかったのである。そこには、クジラに対する山本さんの愛情、同情心が読み取れる。結果的に、山本さんは自分の命を落としたけれども、クジラの命を救おうとしたことに後悔はしていないと考えたい。

　T・リコーナの主張する「尊重」と「責任」から、山本さんの行動を説明できない。クジラの命を尊重することは理解できても、どのような行動を取るべきかを導くことができない。

注
(1) キャラクター・エデュケーションは、「品性教育」とも訳されている。「品性」についても、詳しい分析が行われていない。

(2) T・リコーナ著、水野修治郎（監訳・編集）、『人格の教育――新しい徳の教え方学び方』（北樹出版、2001年）12ページ。

(3) 同上、15ページ。

(4) 藤永保・仲真紀子（監修）、『心理学辞典』（丸善、2004年）373ページ。

(5) 杉若弘子・中島義明・安藤清志・子安増生・坂野雄二・繁桝算男・立花政夫・箱田裕司（編）、『心理学辞典』（有斐閣、1999年）480ページ。

(6) 坂元忠芳・青木一・大槻健・小川利夫・柿沼肇・斎藤浩司・鈴木秀一・山住正己（編）、『現代教育学事典』（労働旬報社、1988年）444ページ。

(7) T.Brameld,Patterns of Educational Philosophy (Holt,Rinehart and Winston,Inc.,1971) p.421.

(8) T・リコーナ著、水野修治郎(監訳・編集)、『人格の教育――新しい徳の教え方学び方』、前掲書、16ページ。

(9) 同上、17ページ。

(10) T.Devine,J.H.Seuk,and A.Wilson, Cultivating Heart and Character、2001.
邦訳、T・ディヴァイン、J・H・ソク、A・ウィルソン著、上寺久雄(監訳)、『人格教育のすすめ』（コスモトゥーワン、2003年)85ページ。

(11) S.Shadlow,Advisor/Advisee Character Education (Character Development Publishing,1998)

(12) A.C.Dotson and K.D.Dotson,Teaching Character――Parents Guide (Character Development Publishing,1997)

(13) E.A.Wynne and K.Ryan,Reclaiming Our Schools (Merrill,1993) pp.140－141.

(14) 廣松渉・子安宣邦・三島憲一・宮本久雄・佐々木力・野家啓一・末木文美士、『岩波・思想事典』(岩波書店、1998年) 798－800ページ。

(15) 中日新聞、2005 年(平成 18 年)11 月 20 日。2007 年(平成 19 年)3 月 1 日。
(16) 中日新聞、2007 年(平成 19 年)2 月 13 日。
(17) 中日新聞、2007 年(平成 19 年)3 月 14 日。

第2部　道徳の指導法

第7章　道徳のジレンマ授業批判

はじめに

　道徳教育の指導方法は、大別すると、話合い、説話、読み物の利用、視聴覚機器の利用、役割演技の5種類である(注1)。第1に、話合いは、2人以上の児童・生徒が資料について自らの意見を交換し、互いの理解を深める過程である。第2に、説話は、あるまとまりをもった内容を、教師が児童・生徒に話して聞かせる指導方法である。第3に、読み物は道徳の時間に使用される資料の総称であり、その資料を読み、解釈することによって、児童・生徒の考え方を深めることになる。第4に、ビデオなどの視聴覚機器を使用することによって、道徳の資料を児童・生徒に提示する。第5に、役割演技は、日常経験する個人の道徳的問題を取り上げて、児童・生徒にその場面と役割を与え、脚本を使用しないで即興的に演技させることである。これらの中で、最も多く行われている方法は、話合いと読み物の利用である。読み物の利用という指導方法は、話合いを取り入れる場合が多い。

　道徳教育の教材のひとつとして、道徳的ジレンマが開発されている。道徳的ジレンマは、資料として児童・生徒に提示される。道徳的ジレンマが「読み物」として提示されれば、読み物の利用の中に含まれる。そして、道徳的ジレンマについて話合いをすれば、話合いという方法を採用したことになる。

　L・コールバーグは、道徳的ジレンマを被験者に提示し、その回答を分析して、道徳の発達段階を設定している。わが国においても、この道徳的ジレンマを道徳教育の教材として用いようとする試みがある。荒木紀幸氏は、道徳的ジレンマ資料による授業を推進している。荒木氏とそのグループは自作の道徳的ジレンマ資料を作成し、

1990年(平成2年)の段階で40種類に達していた(注2)。その後、道徳的ジレンマ資料の数は、もっと増えている。2002年(平成14年)には、『モラルジレンマによる討論の授業　中学校編』の中で、中・高校向きの授業実践を掲載している(注3)。(2005年)(平成17年)には、『モラルジレンマ資料と授業展開　中学校編　第2集』の中で、中学生を対象にして、モラルジレンマ資料による授業を掲載している(注4)。現在でも、モラルジレンマ資料を使用した道徳の授業実践が注目され、道徳授業のアプローチのひとつとして紹介されている。(注5)

　一方、宇佐美寛氏は、荒木氏の道徳的ジレンマ資料の主張に対して、批判を投げ掛けている(注6)。宇佐美氏の批判に対して、荒木氏からの反論は、いまだに行われていない。

　本章では、荒木氏の主張する道徳的ジレンマ資料の考え方を分析し、道徳的ジレンマ資料を取り扱う時の問題点を指摘する。第1に、ジレンマ資料を紹介し、ジレンマの本当の意味を確認する。ジレンマの回避の仕方も考察する。第2に、ジレンマの目標が実現されていないことを指摘する。オープンエンドの授業の終わり方も批判する。第3に、ジレンマの内容を詳細に検討する。第4に、望ましい資料の条件を指摘する。

1　道徳のジレンマ資料
(1)「ハインツのジレンマ」

　コールバーグが仮説的に作り上げたジレンマのひとつに、「ハインツのジレンマ」がある。本書の「第3章　L・コールバーグの道徳教育論　3　道徳教育の目標と内容・方法　(2) 道徳教育の内容・方法」でも紹介したが、理解しやすいように、ここでも再掲載する。「ハインツのジレンマ」は、次の内容であった。

　　「ヨーロッパのある国で、女の人が特殊な癌にかかって死にそうになっていました。医者によれば、この人を救うことができる薬が一つあります。その薬は同じ町に住んでいる薬屋が最近、開

発したラジウムの一種です。この薬を作るのにはお金がかかりますが、薬屋はその費用の一〇倍の値段をつけています。つまり、彼はラジウムに四〇〇ドルのお金をかけて薬を作り、それを四〇〇〇ドルで売っているのです。この女性の夫であるハインツは、知合い全員にお金を借りに行ったり、あらゆる合法的手段を尽くしました。けれども、薬の値段の半分にあたる二〇〇〇ドルしか用意できませんでした。そこでハインツは、妻が死にそうだからもっと安く薬を売るか、支払いを後回しにしてくれないかと薬屋に頼みました。しかし、薬屋は『だめです。私はこの薬を開発し、この薬で金儲けをしようとしているのです』と言って断りました。ハインツは合法的手段を尽くしてしまったので、とても困って薬屋の店に忍び込んで薬を盗みだそうと考えました。

ハインツは薬を盗むべきですか。また、それはなぜですか。」
(注7)
以下において、ジレンマの意味を探究し、ジレンマの回避の仕方を考えてみよう。

(2) ジレンマとは何か

ジレンマとは、どのようなことを意味するのであろうか。道徳的ジレンマを分析するなら、まずジレンマとは何かを知っておかなければならない。広辞苑第6版によれば、ジレンマ(ディレンマと表記されている。)とは、次のことを意味している。

① 二つの仮言的命題(の連合)を大前提とし、これを小前提で選言的に承認もしくは拒否して結論を導く三段論法。「もし秘密をもらせば非難をうける。また秘密を守っても非難をうける」「秘密をもらすか、守るか、のどちらかである」「故に、どちらにしても非難をうける」の類。両刀論法。

② 相反する二つの事の板ばさみになって、どちらとも決めかねる状態。抜きさしならぬ羽目。進退両難。「―に陥る」

この中の①は、論理学におけるジレンマであり、「強い」意味のジ

レンマである。一方、②は、日常的な意味で用いられるジレンマの用法であり、「弱い」意味のジレンマである。ジレンマを十分理解しようとすれば、「二つの事」を見極め、他に方法がないことを前提にしなければならない。また、ジレンマが道徳的判断を含んでいたり、ジレンマの解決に道徳的判断が必要であったりする場合、ジレンマは道徳的ジレンマとなる。

　この「ハインツのジレンマ」の内容をわかりやすく言い換えてみる。ジレンマを形成する「二つの事」は、次のようになる。
① もしハインツが薬を盗まないなら、ハインツの妻はガンによって死ぬだろう。
② もしハインツが薬を盗むなら、ハインツは盗みという悪いことをすることになる。
　①と②のどちらの選択肢を採用しても、ハインツは困ったことになる。これでジレンマが形成される。このジレンマは、本当の意味で、ジレンマと呼んでもよいのだろうか。

　荒木氏によれば、「ハインツのジレンマ」は、「二つ以上の価値の間で生ずる当為をめぐる葛藤」(注8)を含んでいる。「二つ以上の価値」は、妻の生命を守るという「生命尊重」と、盗みをしてはいけないという「順法精神」である。荒木氏によれば、ジレンマは、2つの価値が葛藤している事態のことである。

　これに対して、宇佐美氏は、次のように批判する。

　　「『ジレンマ』論者が出す『ジレンマ資料』なるものは、私が読んだかぎりでは皆右の『われた花びん』同様、ジレンマを示すものではない。インチキ『ジレンマ』である。」(注9)

　宇佐美氏は、ジレンマを「強い」意味で使用している。「生命尊重」と「順法精神」は、「相反する二つの事」ではないし、葛藤もしていない。「生命尊重」と「生命軽視」は、「相反する二つの事」である。しかし、「生命尊重」と「順法精神」は、両方とも同時に存在しても、決しておかしいことではない。ハインツは、薬屋に盗みに入り、妻に薬を届けた後に、警察に自首をしたとする。この時、ハインツは、

妻の生命を尊重している。薬屋に盗みにはいったことは、法律に違反したことである。しかし、その後、警察に自首したことは、法律を尊重していることを示している。ハインツが法律を無視して逃げ続けるとしたら、「順法精神」は否定され、法律を順守することもない。他方、自首することは盗んだことを悪いことだと考え、法律にしたがって罰を受けようとすることである。自首することは、法律を守ることを前提にした行為なのである。

荒木氏は、ジレンマを「弱い」意味で使用しており、「相反する」という条件も、無視している。「生命尊重」と「順法精神」は、もともと相反しない選択肢なのである。2つの価値のどちらを選択するのか。この問いの方が、ハインツの置かれた状況を的確に写し出している。

（3）ジレンマの回避

「ハインツのジレンマ」におけるジレンマが、本当の意味でジレンマになっているのかを確認する必要がある。ジレンマになっていれば、「二つの事」は互いに独立しており、同時に成立してはならない。もしハインツが妻の生命を救うため、薬を盗み、かつ盗みという悪いことに対する責任をとって自首したら、ジレンマは成立しなくなってしまう。薬を盗む時には、法律を破ることになるけれども、自首する時には、「生命尊重」と「順法精神」が、同時に実行されてしまうのである。「二つの事」が同時に成立すれば、ジレンマは成立しなくなる。ジレンマは、「二つの事」が別々に成立しなくてはならない事態なのである。しかし、資料には、ハインツが自首をするかどうかについては、具体的な記述が存在しない。

次に、「二つの事」の中で、ひとつの選択肢を採用しても、困らない場合がある。ハインツが盗みをした結果、ハインツが盗みをしたことで良心の呵責に苦しむ場合と、ハインツが刑務所に行くから、ハインツ自身又は妻が困る場合とがありうる。前者の場合、ハインツと妻の生活は、それほど困ったことにならないとも推測できる。

ハインツが妻の生命を救うため、盗みをすることを決断したなら、良心の呵責に苦しむことはない。良心にしたがって、愛する妻を救えばよいのである。

しかし、ハインツが良心の呵責に苦しむかどうかは、資料を見る限りわからない。同様に、ハインツが刑務所に行くかどうか、その後妻の生活がどうなるかは、判断のしようがない。

また、「ハインツのジレンマ」を読むと、ハインツは窃盗の罪でつかまり、刑務所に行くことも推測できる。ただし、「ハインツのジレンマ」の内容の中に、警察につかまることは書かれていない。ハインツがずっと逃亡し続けることもあり得る。もしハインツが逃亡し続ければ、妻の生命は助かり、ハインツも刑務所に入らなくてもよくなる。ただ、この場合、ハインツが法律を破ったということは、問題として残る。

2　道徳のジレンマの目標
(1) 道徳のジレンマの目標と発達段階

コールバーグが主張する道徳教育の目標は、道徳教育への認知－発達的アプローチを分析することによって得られる。まず、認知的アプローチは、次のことを意味している。すなわち、道徳教育は、道徳的問題や決定についての子どもの活発な思考を刺激することに基礎を置いている。次に、発達的アプローチは、発達段階の移行を道徳教育の目標とみなしている。以上のことから、道徳教育の目標は、子どもの道徳的思考の自然的発達を刺激して、発達段階を上昇させることである。そして、もし発達し続ければ、最終的には第5・6段階に至る。このような目標を達成するためには、子どもの道徳的思考を刺激するような教材を選択しなければならない。

荒木氏も、道徳教育の目標を次のように述べている。

「コールバーグ理論に基づく授業のねらいは、道徳的葛藤を集団討議によって解決に導く過程を通して、児童・生徒一人ひとりの道徳的判断力を育成し、道徳性をより高い発達段階に高めるこ

とである。」(注10)
　この中の「葛藤」は、広辞苑第6版によれば、「①もつれ、いざこざ、悶着(もんちゃく)、争い。「両家の―が続く」②心の中に、それぞれ違った方向あるいは相反する方向の欲求や考えがあって、その選択に迷う状態。「心の中に―を生じる」③（省略)」である。
　この「葛藤」とジレンマとが同じ意味であると主張することは、勇気のいることである。ジレンマの方は、「相反する事」という条件がついており、「葛藤」よりも、差し迫った事態である。
　次に、「道徳性をより高い発達段階に高める」ことに注目したい。教師は、そのためにどういう働きかけを児童・生徒にしたのか。このことが重要である。教師が積極的になり、自ら意見を述べることは望ましくないとされている。教師が意見を述べると、押しつけになり、してはならないことである。では、子どもの間から、「より高い発達段階」の意見が出てくるのを待つのか。
　コールバーグは、道徳の発達段階を設定している。コールバーグは、仮設的な道徳的ジレンマを被験者に面接を通して提示し、被験者の反応を分析した。被験者が答えた理由付けを分析した結果、「第3章　L・コールバーグの道徳教育論　2　道徳の発達段階　(1) 道徳の発達段階の検討」で説明したように、道徳の発達段階が、次のように設定された。
　Ⅰ　慣習的水準以前
　　　第1段階　罰と服従への志向
　　　第2段階　道具主義的な相対主義者志向
　Ⅱ　慣習的水準
　　　第3段階　対人的同調、あるいは「よいこ」志向
　　　第4段階　「法と秩序」志向
　Ⅲ　慣習的水準以降、自立的、原理化された水準
　　　第5段階　社会契約的な法律志向
　　　第6段階　普遍的な倫理的原理の志向（注11)
　4歳から10歳までの子どもの発達段階は、第1・2段階である。

11歳から16歳までの子どもの発達段階は、第3・4段階である（注12）。第5段階の意見はまれであり、第6段階の意見は出てこないであろう。たいていの場合、子どもの意見は、第3・4段階の理由付けがほとんどである。すると、子どもの発達段階は、そこで止まってしまい、「より高い発達段階に高める」ことは、できなくなってしまう。子どもが集団討議を行うことはできても、現在の発達段階から「より高い発達段階に高める」ことはできない。

　子どもが自分の判断を話し合いの途中で変えることがある。このことは、奨励されるべきことである。自分の判断とは異なる他者の判断を聞いて、自分の判断を変える。授業の間に、判断の変更が行われれば、子どもの判断は刺激を受け、ゆさぶられた。「ぜったいひみつ」という主題名の資料を授業で使用する時、子どもの判断の変更が奨励されている。「ぜったいひみつ」は、次のような内容である。2年前に転校してきたのり子が、お父さんの仕事の都合でまた転校する。それを知ったよしえやクラスのみんなは、のり子のために「お別れ会」を計画し、のり子に計画を秘密にしておくことを約束した。その日から、のり子はひとりぼっちになることが多く、さみしそうであった。よしえは、本当のことをいうべきかどうかを迷っている。

　この「ぜったいひみつ」という資料を授業で実践する時、子どもは席を移動することを奨励される。

　　「主人公の判断に対して、『賛成』『反対』『わからない』の三つに座席を分け、児童がそれぞれ自分の判断と同じところの座席に座るようにした。ディスカッションが始まれば判断が変わる生徒もいる。そのときは各自が自由に席を移動するようにする。」
（注13）

　ここでの問題点は、子どもの発達段階が上昇したかどうかである。子どもの判断が変わることは、発達段階の上昇を保証しない。発達段階の上昇を確認するためには、子どもが示した理由付けを分析し、発達段階を特定しなければならない。しかし、授業の間に子どもの発達段階を分析することは、ほとんど不可能である。実際、ジレン

マ資料を使用する時、子どもの発達段階は、考慮されていない。教師は、子どもの発達段階を無視して、話し合いを進めればよい。

(2) オープンエンド

　荒木氏は、授業の成立要件の基本的な事項として、オープンエンドを挙げている。

　　「主として判断はそれぞれの自主性に任せられ、一つに収束するものでないという意味でオープンエンドである。また、教師はどのような判断のもとでどのような理由づけがなされたか、のまとめをすればよい。ここではこのように考えなければならないと、いうように価値の押しつけをして終わるべきでない。」(注14)

　オープンエンドで授業を終了することは、結論を出さないで授業を終了することである。これをどのように考えるか。第1に、子どもが考えた理由付けを尊重しなければならない。子どもの「判断はそれぞれの自主性に任せ」ればよい。子どもが自らの「判断」を発表しやすい雰囲気作りが大切である。

　第2に、教師は、「価値の押しつけ」をしてはならない。教師が自らの価値を子どもに押しつけることは、してはならないことである。教師が独断的に価値を押しつけることはインドクトリネーションと呼ばれ、望ましくない教育の方法となっている。ここまでは、荒木氏の主張に問題はない。しかし、ジレンマ資料を用いた授業において、子どもの思考を教師がどのようにして刺激したのか。この問いが残る。

　子どもは、道徳の発達において、「自然な」発達をしていく。コールバーグによれば、この「自然な」発達は、文化的に普遍であり、発達段階は一定の順序を通る。教師の役割は、子どもの「自然な」発達を刺激し、より高い発達段階に導くことである。教師の役割は、子どもの判断をまとめることだけではない。

　では、教師は、どのようにして子どもの「自然な」発達を刺激するのか。この問いが重要である。もし教師が自らより高い発達段階

の理由付けを子どもに提示すれば、それは「価値の押しつけ」になってしまう。提示の仕方をいくら工夫しても、教師の発言は重みを持つ。子どもは、教師の発言をしっかりと受け止めることになる。

教師が論点を提示することは、「価値の押しつけ」にならないのか。「ぜったいひみつ」という資料を使用した授業において、教師が論点を絞ることが提案されている。

「4年生という発達段階や1主題1時間構成の授業という点を考えると、多くの論点のもとでディスカッションを行なうことは問題があり、価値の内面化もそれだけできにくい。このような理由から、本実践では、ねらいに合わせて論点をあらかじめ『学級会の班長だから、約束は守らなければならない』と『あと2日、言うのをがまんしてお別れ会をすれば、のり子は喜んでくれる』の二つに絞っておき、それについて話し合わせることとした。」
(注15)

話し合う時間がないから、論点を絞ることは、好ましいことではない。話し合いの時間を十分取れば、論点を始めから絞る必要はない。次に、教師が論点を提示することは、できるだけ避けなければならない。子どもの側から出た論点であれば、その論点を取り上げ、みんなの意見を聞いてもよい。教師が初めから論点を絞り、提示することは、子どもの自由な判断を抑制することになる。

一方、子どもの側から、より高い発達段階の理由付けが出されるのを待つという方法がある。しかし、いくら待っても、教師が望むような、より高い発達段階の理由付けは出てこない。子どもは、自らの発達段階より高い発達段階の理由付けを述べることができないからである。このように考えると、子どもは、授業において、より高い発達段階の理由付けに触れることができなくなってしまう。

第3に、オープンエンドで授業を終わることは、子どもに意見を言いっぱなしにさせることを意味している。ジレンマ資料を提示した直後に、子どもの意見を聞くことは当然のことである。しかし、子どもの意見に対して、教師が働きかけを一切しないで授業を終わ

ることに対しては、疑問が残る。
　教師が子どもに対して、働きかけをすれば、「価値の押しつけ」になる可能性がある。しかし、「他の選択肢はありませんか」、「もし妻でなかったら、どのように行動しますか」など、「価値の押しつけ」にならないような質問もある。「価値の押しつけ」を拡大解釈してはならない。子どもの思考を刺激するような質問を、教師がすべきなのである。教師が子どもにゆさぶりをかけた後に、子どもの意見がまとまれば、それを尊重すればよい。子どもの意見を否定するのではなく、もう一度自ら考えさせることをしなければならない。

3 道徳のジレンマ資料の内容
(1) 妻の病状
　「ハインツのジレンマ」においては、妻のガンの種類、進行の程度が明らかにされていない。妻の病状がわからなければ、ハインツは、どのような行動を取るべきかを判断することはできない。ガンは悪性腫瘍のことであり、発生する細胞の種類によって、ガン腫と肉腫に分類できる(注16)。ガン腫は、消化管や呼吸器粘膜、肝臓、腎臓などの臓器を構成している上皮細胞から発生する悪性腫瘍である。このガン腫は、組織の型の違いにより、偏平上皮ガン、腺上皮ガン、未分化ガンに分類される。一方、肉腫は、上皮細胞以外の細胞に発生する悪性腫瘍である。肉腫は、胃や腸の筋肉を構成している筋細胞や、骨、結合織、脈管組織、神経などを構成する線維細胞に発生する。肉腫は、さらに肉腫、悪性リンパ腫、白血病、多発性骨髄腫に分類される。
　ハインツの妻は、これらの中のどの種類のガンであろうか。ガンの種類によっては、手術が可能であり、ガンの病巣を切除した方がよいものもある。手術が可能な時、薬を飲むより、手術の方が効果的な場合がある。大切なことは、ガンの状態をしっかりと把握することである。「ハインツのジレンマ」では、残念ながら妻のガンの状態が明らかにされていない。妻のガンを治療するのに、手術がよい

のか、あるいは投薬がよいのかの判断ができない。

次に、ガンは、部位別に呼ばれる。たとえば、胃ガン、肺ガン、大腸ガン、乳ガンなどのように呼ばれている。もしハインツの妻がアメリカ人なら、ガンの部位別死亡率では、乳ガンと肺ガンが多い。もし日本人なら、胃ガンが最も多く、大腸ガン、肺ガンと続く。ハインツの妻は、部位別にいうと、何のガンであろうか。

ガンは、進行の程度によって、早期ガン、進行ガン、末期ガンの3段階に分けられる。胃ガンが早期ガンの段階なら、手術をすると、10年後の生存率が90パーセント以上である。ガンは早期に発見すれば、こわい病気ではない。進行ガンの段階では、ガンが増殖して、転移や浸潤も多くなる。末期ガンの段階では、全身状態は極度に悪くなり、手術が不可能な状態である。

ハインツの妻が「死にそうになってい」ることから判断すると、末期ガンの段階であると推測できる。末期ガンには、手術や投薬で完全に治る可能性は少ない。もしハインツの妻の状態が悪いなら、薬を得ることよりも、妻の生活の質（クオリティ・オブ・ライフ）を考える方がよい。できるだけ日常生活に近い生活を送ることが、ハインツの妻にとって望ましいことである。ハインツの妻が痛みを感じているなら、その痛みを取り除くことを真っ先に考えるべきである。

ハインツの妻が末期ガンであるなら、ホスピスに入所させることも、選択肢のひとつである。ホスピスは、病気を完全に直すことよりも、痛みを和らげて、残された時間を過ごす施設である。中心は、病気を持ちながら、日常生活に近い生活を送ることに置かれている。

ハインツは、妻の病気の進行状況を把握して、薬屋の薬を盗むことよりも、ホスピスに入所することを考えた方がよい。妻も、ハインツと一緒に過ごす方を選択するであろう。

「ハインツのジレンマ」においては、ハインツの妻に対する治療法が書かれていないし、妻の状態もわからない。ガン治療の方法は、ガンがどの組織型であるかによって異なってくる。ガンの種類や進

行の程度によって、治療法も違ってくる。治療法は、外科療法、レーザー療法、放射線療法、温熱療法、化学療法、ホルモン療法、免疫療法、動注療法があり、漢方治療もある。実際には、これらの治療法をいくつか組み合わせる集学的療法が実施される。子宮頚ガンについては、予防するためのワクチン接種が日本でも承認された。これらの治療法と比較すると、薬屋が開発した薬は「絵に描いた餅」であり、現実味に欠ける。ガン治療の方法は多様であり、どの方法を取り入れるかを考えなければならない。薬屋が開発した薬を手に入れようとすることは、多くの選択肢の中のひとつにすぎない。

(2) ガンの薬の効能

　薬屋が開発したガンの薬は、「ラジウムの一種」である。ガンの特効薬が開発されたことは、仮想のことである。現在までに、このような薬は開発されたことがない。「ハインツのジレンマ」は、現実には存在しないことを含んでいる。現実味のないことを仮定することは、子どもにとって理解できることではない。

　ガンの薬は、飲み薬であろうか、それとも塗り薬であろうか。「ラジウムの一種」ならば、放射能を出す物質であろうか。もしそうなら、その薬は危険ではないのか。ラジウム温泉は、人間の身体によい影響を与えるので、ガンの薬も、同じように安全なのか。これらの問いは、ガンの薬が虚構のものだから発せられるのである。

　現実には、ガンの薬がまだ開発中なので、薬屋が開発した薬は、効き目があるのか、という疑問が生ずる。大学生に対して「ハインツのジレンマ」を提示し、意見を聞くと、必ずと言っていいほど、薬の効果を疑問視する者が出てくる。薬屋は、どのようにして薬がガンに効くことを発見したのであろうか。新しい薬を開発するためには、何十億円、何百億円の研究費をかけるのが普通である。市井の薬屋が、それだけの研究費を投入できるはずがない。薬屋が、偶然にガンの薬を発見することは可能である。しかし、薬屋は、どのような方法でその薬がガンに効くことを知ったのか。薬の効能を調

べるためには、一連の臨床実験が必要である。薬屋の力では、とうてい無理な話である。薬屋は、薬の効能を確かめないで、ガンの特効薬であると結論付けたことになる。

(3) 薬の値段

　ハインツは、妻があり、結婚している。ハインツも妻も、年齢はわからない。結婚しているハインツは、「二〇〇〇ドル」しか持っていない。日本円に換算すると、20万円から30万円である。ハインツの所持金が、少なすぎる。大学卒の初任給が、20万円ぐらいである。ハインツは、甲斐性がないのであろうか。ハインツの所持金が少ないことは、不自然なことなのである。もしハインツが自動車を所有していれば、それを売ればよい。ハインツは、預貯金もないし、自動車もないし、金目のものを持たない人として描かれている。荒木氏は、「ハインツのジレンマ」をモデルにして、「山田さんのジレンマ」質問紙を作成している。「山田さんのジレンマ」においては、「ハインツ」が「山田さん」に、薬の開発費の「四〇〇ドル」が「100万円」に、薬の売値の「四〇〇〇ドル」が「1000万円」に置き換えられている(注17)。

　この置き換えには、無理がある。荒木氏は、1ドルを2500円で換算している。過去に1ドルが360円の時代があったけれども、換算レートが高すぎる。なぜ荒木氏は、ドルと円の換算レートを高く設定したのであろうか。おそらく、薬の売値が高いので、ハインツがお金を用意できない状況を作りたかったのであろう。薬の売値が低く、ハインツがお金を用意できれば、ジレンマが成立しなくなるからである。

　ハインツは、「知合い全員にお金を借りに行ったり、合法的手段を尽くし」たけれどもお金を借りることはできなかった。もしお金を借りるなら、真っ先に親、きょうだいのところに行くであろう。親、きょうだいがいない場合、あるいは断られた場合にはじめて友人のところへ行けばよい。ハインツは、頼りになる友人を持っていなか

- 163 -

った。ハインツは、友人よりも、銀行へ行くべきであったし、勤務先へ借金を申し込むべきであった。
　このように考えると、ハインツは、「お金を借り」るために、「合法的手段を尽くし」たとは言えない。
　薬の代金を調達できれば、ハインツは盗みを働く必要がなくなる。そして、ジレンマも生じない。ハインツは、薬屋の請求する薬の代金を支払い、盗みをしなくても、薬を手に入れることができる。
　一方、「山田さんのジレンマ」では、薬の代金の半分である500万円を借りることは難しいかもしれない。500万円は大金なので、銀行、勤務先では貸してくれないかもしれない。薬の売値を500万円にすると、山田さんは、お金を用意することができなくなり、ジレンマが成立する。その反面、薬の売値が高すぎるので、薬屋に対する非難の声が大きくなる。

4　望ましい資料の条件

　ジレンマ資料を授業の場面で使用する時、実際の状況は複雑なので、子どもの教材用に簡略化している、という反論があるかもしれない。この反論に対しては、次のことを指摘することができる。
　第1に、簡略化する時、重大な変更を加えてはならない。荒木氏は、「ハインツのジレンマ」の中の「四〇〇〇ドル」を「山田さんのジレンマ」では「100万円」に変更している。アメリカ合衆国と日本の生活レベルを考慮しても、ドルと円の交換レートが高すぎる。おそらく、山田さんが、銀行などから簡単に借りられない金額にしたかったのであろう。
　次に、「山田さんのジレンマ」では、質問がせまく設定されている。
　　「山田さんが薬をぬすんだのをどう思いますか。
　　（イ）悪いと思う
　　（ロ）悪くないと思う
　　（ハ）しかたがないと思う
　　どうして、そう思うのですか。その理由を書いて下さい。」(注18)

この質問は、山田さんが薬を盗まないという選択肢を排除している。「生命尊重」と「順法精神」の2つの価値が葛藤していると主張しながら、「生命尊重」の価値だけを問題にしている。「順法精神」の価値を重視すれば、山田さんが薬を盗まないという判断になる。子どもの「道徳的判断力を育成」しようとすれば、選択肢をひとつだけに絞ってはいけない。話合いの時間が足りないなら、時間を割り当てて、話合いをすればよい。

　第2に、簡略化した資料も、必要な事実を含んでいなければならない。道徳の時間に使用する資料は、子どもが考えるための事実を含んでいることが必要である。資料に書かれていないことを想像して議論してはならない。「山田さんのジレンマ」は、子どもが思考するための事実をほとんど含んでいない。もともと「ハインツのジレンマ」が、具体的な事実を含んでいない。薬の効能に疑問が残る。妻の病気の状態もわからない。こういう事態では、判断のくだしようがない。

　第3に、簡略化した資料は、子どもが実際に経験したり、経験できたりするものでなければならない。資料に書かれてある事柄が、子どもが経験できなければ、十分な判断をすることができない。「ハインツのジレンマ」では、夫としてのハインツが描かれている。小学生や中学生に対して、妻に対する夫の気持ちが十分理解できるだろうか。

　道徳的ジレンマの多くは、子どもの身近で起きる出来事を取り扱っている。しかし、カレン・アン・クィンラン(Karen Ann Quinlan)の「死ぬ権利」を取り扱った「尊厳死」(注19)や、大けがをした息子のために、通り掛かりの車を盗み、その運転手に暴行したジョーンズ(Jones)氏を取り扱った「これでよかったか」(注20)は、子どもの実体験とはかなりかけ離れている。子どもが体験しそうもない事柄について考えることは、できなくはないにしても、難しいであろう。

注

(1) 文部省、『中学校指導書　道徳編』(大蔵省印刷局、1978 年) 55 －60 ページ。

(2) 荒木紀幸、『ジレンマ資料による道徳授業改革——コールバーグ理論からの提案』(明治図書、1991 年) 119 ページ。

(3) 荒木紀幸(編)、『モラルジレンマによる討論の授業　中学校編』(明治図書、2006 年)(初版は 2002 年)

(4) 荒木紀幸(編)、『モラルジレンマ資料と授業展開　中学校編　第2集』(明治図書、2007 年)(初版は 2005 年)

(5) 諸富祥彦(編著)、『道徳授業の新しいアプローチ10』(明治図書、2015 年)(初版は 2005 年)　81－115 ページ。

(6) 宇佐美寛、「『ジレンマ』くだき」授業研究　臨時増刊、1990 年(平成2年) 4 月号、163－168 ページ。
宇佐美寛、『「道徳」授業における言葉と思考——ジレンマ授業批判』(明治図書、1994 年)

(7) L.Kohlberg,C.Levine and A.Hewer,Moral Stages:A Current Formulation and　　a Response to Critics (Karger,1983)
邦訳、L・コールバーグ、C・レバイン、A・ヒューアー著、片瀬一男、高橋征仁訳、『道徳性の発達段階——コールバーグ理論をめぐる論争への回答』(新曜社、1992 年) 280 ページ。

(8) 荒木紀幸、『ジレンマ資料による道徳授業改革』前掲書、118 ページ。

(9) 宇佐美寛、『「道徳」授業における言葉と思考』前掲書、151 ページ。

(10) 荒木紀幸 (編著)、『道徳教育はこうすればおもしろい——コールバーグ理論とその実践』(北大路書房、1991 年) 26 ページ。

(11) 永野重史 (編)、『道徳性の発達と教育——コールバーグ理論の展開』(新曜社、1985 年) 22－23 ページ。

(12) R.E.Galbraith and T.M.Jones,Moral Reasoning:A Teaching Handbook for Adapting Kohlberg to Classroom

(Greenhaven Press,1976) p.186.
- (13) 荒木紀幸 (編著)、『道徳教育はこうすればおもしろい』前掲書、114 ページ。
- (14) 荒木紀幸、『ジレンマ資料による道徳授業改革』前掲書、110 ページ。
- (15) 荒木紀幸 (編著)、『道徳教育はこうすればおもしろい』前掲書、114 ページ。
- (16) 小川一誠、田口鐵男 (監修)、『知っていればこわくないガンの早期発見と治療の手引き』(小学館、1998 年) 22−23 ページ。
- (17) 荒木紀幸 (編著)、『道徳教育はこうすればおもしろい』前掲書、46 ページ。
- (18) 同上。
- (19) 同上、191−192 ページ。
- (20) 同上、192 ページ。

第 8 章　小・中・高等学校における道徳の指導法

はじめに
　中央教育審議会は、小・中学校の道徳の時間を、教科として位置付けることを答申した。文部科学省は道徳の教科書を作成する予定である。指導する教員は、教材研究をしなければならない。
　本章の目的は、小・中・高等学校における道徳の指導法を探究することである。小学生向けに二宮金次郎の伝記を、中学生・高校生向けに杉原千畝の命のビザ、トルコ軍艦エルトゥールル号の遭難を道徳の資料として使用し、教材としての適切性を検討する。第1に、中央教育審議会答申の内容を概観する。第2に、道徳の教材の具備すべき要件を確認する。第3に、二宮金次郎の資料を分析し、小学生には理解が難しい内容を含むことを指摘する。第4に、中・高校生向きの道徳の資料として、杉原千畝の命のビザを検討する。杉原千畝は人間の命の大切さを示し、生徒の生き方のモデルとなる。第5に、エルトゥールル号の遭難を道徳の資料に使用し、命の尊さや国際理解を学習する。第6に、道徳指導案の作成の仕方を述べる。

1　中央教育審議会答申における道徳の取り扱い
　2014年（平成26年）10月21日に、「道徳に係る教育課程の改善等について（答申）（中教審第176号）」が、中央教育審議会第94回総会で取りまとめられた。この答申の主な内容は、次の通りである。
① 小・中学校における道徳の時間を「特別の教科　道徳」（仮称）と位置づける。
②「特別の教科　道徳」の目標は、「児童生徒の道徳性を養う」ことを明確にし、簡潔な表現に改め、「留意すべき具体的な事項」を示し、「発達の段階に即した重点の示し方」を工夫する。
③ 多様で効果的な指導方法に改善する。
④ 検定教科書を導入し、多様な教材を活用する。

⑤ 児童・生徒の道徳性の成長についての評価は必要であるけれども、数値による評価は不適切である。
⑥ 複数の学校の道徳教育推進教師のリーダー役として、助言を行う「道徳教育推進リーダー教師」(仮称)を設置する。
⑦ 教員免許や大学の教員養成課程の改善を図ることが検討課題である。

　2015年(平成27年)に学習指導要領が一部改訂され、「特別の教科 道徳」が教科として位置付けられた。文部科学省は、2018年(平成30年)度から道徳の教科化を全面的に実施する。移行措置については、2015年(平成27年)4月から、その全部または一部について実施できるとしている。以前は、早ければ2014年(平成26年)度から実施する予定であったけれども、教科書の作成に時間がかかるなどの理由で、実施時期が先に延ばされた。道徳の時間の副教材として、「私たちの道徳」が作成され、文部科学省のホームページにも掲載され、出版もされている。「私たちの道徳」には、小学校1・2年、3・4年、5・6年、中学校の4種類がある。小学校1・2年、3・4年については、「わたしたちの道徳」となっている。

2 道徳の教材の具備すべき要件

　道徳の教材の具備すべき要件は、『小学校学習指導要領解説　道徳編』に示されている。
　「道徳の時間に用いられる教材の具備すべき要件として、まず次の点を満たすことが大切である。
　ア　人間尊重の精神にかなうもの
　イ　ねらいを達成するのにふさわしいもの
　ウ　児童の興味や関心、発達の段階に応じたもの
　エ　多様な価値観が引き出され深く考えることができるもの
　オ　特定の価値観に偏しない中立的なもの」(注1)
　この中の「ねらいを達成するのにふさわしいもの」については、二宮金次郎の資料によって、小学生が「勤勉」の意味を理解できる

のかを問うことになる。「児童の興味や関心」に応じたものかどうかも重要な要件である。金次郎の生きた時代は江戸時代後期である。小学生は、まだ十分に思考能力が発達していないので、江戸時代後期の出来事を理解できるかは疑問である。小学生が金次郎の資料を理解するためには、担当教員が江戸時代の商習慣などを十分に説明しなければならない。

　杉原千畝の命のビザの資料については、「児童の興味や関心、発達の段階に応じたもの」という要件を満たすことが難しい。小学生にとって、1939年(昭和15年)当時のリトアニアの置かれた状況を理解することが難しい。第2次世界大戦の中で、外務省の日本領事館の領事代理の役割は、「ソ連(ロシアを中心にした旧社会主義国)に関する情報をあつめて、日本の外務省に知らせること」(注2)であった。

　杉原千畝の命のビザの資料を使用するときには、戦争をすることがどういうことか理解しなければならない。日本領事館の存在を知り、領事や領事代理の仕事の内容を理解しなければならない。その上で、杉原千畝の行動が、児童・生徒の興味や関心に応じているかを問うことになる。

　杉原千畝の命のビザの資料は、小学生よりも中・高校生向きである。中・高校生であれば、戦争の様子、日本領事館の存在理由、領事や領事代理の仕事の内容を理解することが可能である。

　トルコ軍艦エルトゥールル号の遭難の資料は、「生命の尊さ」を取り扱うため、「人間尊重の精神にかなうもの」である。一方、この資料は、「多様な価値観が引き出され深く考えることができるもの」、「特定の価値観に偏しない中立的なもの」という要件を満たすことが難しい。「多様な価値観」として、何があるのか。「生命の尊さ」、漁師の心意気、同盟国であるドイツとの関係、トルコ軍人としての誇り、日本国としての誇り、があるけれども、「生命の尊さ」と並列し比較できるものは見当たらない。「特定の価値観」についても、ユダヤ人の命を救うことに対して中立的ではいられないはずである。

3 二宮金次郎の教材分析
(1) 二宮金次郎の資料

　　二宮金次郎の伝記は、小学校1・2年生向けである。道徳の資料として、「小さな　ど力の　つみかさね――二宮　金次郎――」が掲載されている。
　「二宮　金次郎は、　まずしい　農家に　生まれました。
　　小さい　ころから、家のしごとを　よく　てつだいました。
　　金次郎が、十四さいの　ときに　お父さんが　なくなり、十六さいの　ときに、お母さんが　なくなりました。兄弟とはなればなれに　なり、家も　なくした　金次郎は、まんべえおじさんの　お世話に　なる　ことに　なりました。
　　金次郎は、　おじさんの　言いつけを　まもって、一日中　しっかりと　はたらきました。
　　金次郎には、ゆめが　ありました。
　　(何とか　して、自分が　生まれた　家を　つくり直したい。)
　　そこで、　金次郎は、
　　(一生けんめいに　勉強して、　早く　一人前に　なるぞ。)
　と、心に　きめました。
　　金次郎は、　一日の　しごとを　おえると、ねむい　目を　こすりながら、　夜おそくまで、　本を　読むのでした。
　　すると、まんべえおじさんは、
　「明かりに　つかう　あぶらが
　もったいない。　早く　ねなさい。」
　と　言って、　金次郎を　しかりました。
　　金次郎は、　もう　勉強を　やめようかと、考えました。しかし、どう　しても、あきらめる　ことが　できません。
　　そこで、知り合いの　人から　少しの　なたね*を　もらって、土手に　まき、世話を　しました。

つぎの　としの　春、　金次郎が　まいた　なたねは、
黄色い　花を、　土手　いっぱいに　さかせたのです。
　そこからは、　まいた　なたねの　何倍もの
なたねを　とる　ことが　できました。
　そして、なたねを　あぶらに　とりかえて　もらい、
また　勉強する　ことが　できるように　なりました。
　やがて、金次郎は　りっぱに
せい長し、　二十さいの　ときに、
自分の　家を　つくり直す　ことが
できたのです。

　大人に　なった　金次郎は、「尊徳(たかのり)」と
いう　名前にかえました。そして、自分が　学んだ、
(小さな　ど力の　つみかさねが、大きな　ことに　つながる。)
と　いうことを、　多くの　人たちに　つたえました。
*なたね・・・なの花の　たね。」(注3)

以上が二宮金次郎の伝記である。指導する対象が小学校の1・2年生なので、難しい漢字にはルビが付けてある。文章は、縦書きである。引用では、ルビを省略した。小学生が読みやすいように、文章が文節で切られ、1文字の空白を設けている。金次郎の伝記を資料として使用し、「小さな　ど力の　つみかさね」の大切さを小学生に教えようとしている。

　有名な人の伝記を道徳の資料に使用することは、珍しいことではない。2015年(平成25年)版「小学校学習指導要領　第3章道徳　第3　指導計画の作成と内容の取扱いの3　(1)」では、次のように述べられている。

　「児童の発達の段階や特性、地域の実情等を考慮し、多様な教材の活用に努めること。特に、生命の尊厳、自然、伝統と文化、先人の伝記、スポーツ、情報化への対応等の現代的な課題などを題材とし、児童が問題意識をもって多面的・多角的に考えたり、

感動を覚えたりするような充実した教材の開発や活用を行うこと。」

　二宮金次郎の資料は、「先人の伝記」のひとつに該当する。金次郎については、小学校の校庭の隅に、たきぎを背負い、本を読んでいる像が設置してあった。銅製の像のほとんどは、戦争の時、金属を供出するために壊されている。石像の一部はまだ残されている。金次郎の石像については、当時は「しょいこ」ではなく、「てんびん棒」の間と後にくくりつけていたという説がある(注4)。たきぎを背負う金次郎のイメージは、明治時代になってから、「創作」されたという指摘もある(注5)。

(2) 小学校学習指導要領における位置づけ

　二宮金次郎の「小さな　ど力の　つみかさね」は、2015年(平成25年)版「小学校学習指導要領」の内容とどのように関連しているのか。2015年(平成25年)版「小学校学習指導要領　第3章道徳　第2内容」の中の〔第1学年及び第2学年〕A 主として自分自身に関すること　［希望と勇気、努力と強い意志］は、次のように記述されている。

　　「［希望と勇気、努力と強い意志］
　　〔第1学年及び第2学年〕
　　　　自分のやるべき勉強や仕事をしっかりと行うこと。
　　〔第3学年及び第4学年〕
　　　　自分でやろうと決めた目標に向かって、強い意志をもち、粘り強くやり抜くこと。
　　〔第5学年及び第6学年〕
　　　　より高い目標を立て、希望と勇気をもち、困難があってもくじけずに努力して物事をやり抜くこと。」

　小見出しを別の言葉で表現すると、「勤勉」、「努力」、「勉強や仕事への意欲」、「粘り強さ」になる。

　読み物を道徳の教材として活用するとき、学習指導要領の道徳の

内容と関連付けるようにしている。児童は二宮金次郎に関する読み物を読み、自分のやるべきことを考える。「わたしたちの道徳」小学校1・2学年用では、自分のやるべきことの例として、「おふろそうじ」が示されている。児童が挙げる例を予想すると、「新聞をポストからとってくること」、「食事の時に、皿を準備すること」「犬を散歩に連れていくこと」「洗濯物を取り込むこと」「アイロンがけを手伝うこと」などがありうる。児童が挙げた仕事を実行できれば、丸に色を塗るように説明している。

　仕事を実行するかを確認するためには、道徳の授業は1時間では足りない。初めの1回目で、児童がやるべきことを列挙する。2回目以降に、列挙された仕事を実行したかを、丸に色を塗ることで確認する。さらに、「家人から」コメントを書いていただき、児童が本当に仕事を実行したかを確認する。

(3) 道徳の教材としての適切性
① 二宮金次郎の生い立ち

　二宮金次郎は、14歳の時にお父さんが、16歳の時にお母さんが亡くなっている。14歳は満年齢ではなく、数え年なので、現在の12歳又は13歳に相当する。数え年が16歳なら、満年齢の14歳又は15歳になる。この家庭状況は、ごくありふれた、平均的なものではない。両親とも亡くなっているという状況は、小学生にとって、理解することが難しい。

　両親が亡くなっている子どもについては、児童養護施設に入所するという選択肢がある。児童福祉法第41条によれば、児童養護施設は、「児童養護施設は、保護者のない児童（乳児を除く。ただし、安定した生活環境の確保その他の理由により特に必要のある場合には、乳児を含む。以下この条において同じ。）、虐待されている児童その他環境上養護を要する児童を入所させて、これを養護し、あわせて退所した者に対する相談その他の自立のための援助を行うことを目的とする施設」である。児童養護施設には、「保護者のない児童」

の他に、「虐待されている児童その他環境上養護を要する児童」が入所している。「保護者のない児童」の中の一定数については、両親が亡くなっていると推測できる。

　2013年(平成25年)10月、児童養護施設の入所児童数は、28,831人である。里親・ファミリーホームへの委託児童数は、2012年(平成24年)度末で、5,407人である。里親には、家庭における養育を委託されており、ファミリーホームは、「養育者の住居において養護を行う」ところである。里親には、養育里親、専門里親、養子縁組里親、親族里親の種類がある。ファミリーホームは、2008年(平成20年)の児童福祉法改正によって、小規模住居型児童養育事業として実施された。この事業は第2種社会福祉事業に位置付けられ、多くが個人事業者であり、法人形態も可能である。措置児童数は、5～6人である(注6)。二宮金次郎は、まんべえおじさんに預けられたので、おじさんは親族里親に該当する。

　『平成24年度文部科学白書』によれば、小学校の在学者数は6,764,619人であり、中学校の在学者数は3,552,663人、高等学校の在学者数は3,355,609である。小学校から高等学校までの在学者数を合計すると、約136万6千人となる(注7)。児童養護施設に入所している児童数と、里親・ファミリーホームへの委託児童数を足すと、約3万4千人となる。児童養護施設の入所児童の一部は、親が健在でも、虐待などの理由で入所している。両親が亡くなっている子どもの人数は、約3万4千人より少ないと推測できる。

　小学校から高等学校までの在学者数と両親が亡くなっている子どもの人数を比較すると、両親が亡くなっている子どもの割合は、約3パーセント以下になる。40人のクラスでは、1～2人程度と推測できる。

　二宮金次郎が生まれた江戸時代には、現代と比較して、医療技術は進んでいない。二宮金次郎の両親が相次いで亡くなったことは、当時としては珍しくないかもしれない。しかし、現代では、クラスの大半の児童・生徒の両親は亡くなっていない。両親が健在の児童・

生徒が、両親とも亡くなった状況を想像することは、かなり難しい。単親の家庭の児童・生徒についても、両親とも亡くなった状況を理解することは難しい。

大学生のひとりは、両親とも亡くなった状況について、次のように述べている。

「金次郎が、14さいのときに父が16さいのときに母がなくなり、兄弟とはなればなれになり、家もなくしたというのは、子ども達からしたらまだ理解できないと思う。」(大学2年女子、2014年10月3日)

この大学生の両親は、健在していると推測できる。大学生の置かれている家庭環境から、子どもの理解力を判断している。小学校の1・2年の能力を考えても、両親が亡くなった状況を頭の中で理解することは難しい。

② **勤労と年齢**

二宮金次郎は、数え年の16歳の時にお母さんが亡くなったので、まんべえおじさんの世話になった。まんべえおじさんのところでは、「一日中、しっかりとはたらきました」とされている。金次郎は、数え年の16歳から働いていた。現代の子どもは、何歳から働くのだろうか。

数え年の16歳は、現在の日本の学校制度において、中学校3年生又は高等学校1年生に相当する。現在の日本では、中学校は義務教育なので、3年生から働くことはない。高等学校1年生から働くことは、まれなことである。2012年(平成24年)度の高等学校進学率は、男子98.0パーセント、女子98.6パーセント、合計98.3パーセントである(注8)。2011年(平成23年)度中途退学者数は、53,869人である(注9)。

2012年(平成23)年度の高等学校の卒業生数は、1,061,564人であり、中等教育学校の卒業生数は、2,510人である。大まかに言えば、約100万人の中の約5万3千人が中途退学をしているので、中途退

学者の何割かが就職をして、働いていると推測できる。中途退学者の一部は、別の高等学校や専門学校に入学・転校又は進学している。中途退学した青少年の中で、働いているのは、20人にひとりの割合となる。35～40人のクラスでは、ひとり又は2人が働くことになる。

　15歳から18歳の青少年の中で、働いているのは、高等学校に進学しない2パーセント以下の者の一部と中途退学者の一部である。日本の高等学校の進学率を見ると、数え年の16歳から働く者は極めて少数である。高等学校は義務教育ではないので、進学することは任意である。しかし、大多数の中学校卒業者が進学していることを考えると、高等学校への進学を優先し、働くことはその次になる。小学校1・2年生に対して、高等学校へ進学するよりも、二宮金次郎のように働くことを奨励することはできない。

③　明かりのあぶら

　二宮金太郎がまんべえおじさんの世話になってから、本を読むとき、明かりのあぶらがもったいないと、まんべえおじさんに注意をされた。明かりに油を使用することは、現代の小学生には理解できないであろう。

　時代劇の中では、明かりにあぶらが使用されている。時代劇を注意深く鑑賞すれば、明かりにあぶらを使用する場面が出てくるかもしれない。現代の小学生は、電気の明かりに慣れている。スイッチを押せば、電気の明かりがともる。便利な時代である。

　便利さに慣れた小学生は、油を利用する明かりを理解できない。小学生は、油を使用する明かり(行燈)を見たことがない。大学2年の女子学生は、次のように述べている。

　　「明かりにつかうあぶら→ひもをひっぱればつくからわからないと思う。」(大学2年女子、2014年(平成26年)10月3日)

　この女子学生も、小学生があぶらを使用する明かりを理解できないことを指摘している。

現代の小学生は、電気の明かりについて、無駄に使用しないこと、節約することを教えられ、理解している。小学生は、電気が有限な資源なので、誰もいない部屋の電気の明かりを消すように教えられている。小学生は、消費電力の少ないLEDの電球や蛍光灯の存在を教えられているかもしれない。

　あぶらを使用する明かりを知らない小学生に、言葉で説明することは難しい。小学生に本物の明かりを見せれば、理解がしやすい。本物が手に入らなければ、代わりに、写真を見せることになる。道徳の教材の中に、小学生が理解できない物品があることは、好ましくない。

　まんべえおじさんにあぶらを節約するように言われた話は、後世になってからの「創作」である可能性がある。二宮総本家の現当主は、まんべえおじさんに引き取られてからの生活については、記録がほとんどないと主張している。

　　「金次郎は二回目の洪水によって万兵衛家の庇護をうけることになるが、万兵衛家での生活について、ほとんど記録を残していない。この前後には、『金次郎伝』として多くの逸話が語られているが、金次郎自身は、捨て苗の逸話しか記していない。」(注10)

　まんべえおじさんの家における記録がなければ、あぶらを節約する話は、後世の誰かが「創作」したと理解できる。事実ではないことを道徳の資料に使用することは、避ける方がよい。

④ なたね

　二宮金次郎は、知り合いからなたねをもらって、土手にまいた。小学生は、なたねを理解できるのか。なたねについては、教材の資料の終わりに注をつけて、「なの花のたね」と説明している。小学生はなの花を知っているかもしれない。春になの花を見ていれば、小学生はなの花を知っていることになる。正確に言えば、なの花は、「アブラナの花。また、アブラナ。」(広辞苑第6版)を指している。

　なの花を道徳の教材の一部として使用するなら、小学生はなの花

を知っていなければならない。もし小学生がなの花を知らないのであれば、なの花の実物を授業で見せたり、図鑑や写真を見せたりしなければならない。なたねについても、小学生に見せることができるので、担当の教員は授業の前に準備することになる。あぶらを使用する明かりと異なり、なたねは入手しやすい。

　なたねをあぶらに取り換えてもらうことは、二宮金次郎が生きた江戸時代では、商習慣のひとつとして、ありふれたことであると推測できる。現代でも、なたねからあぶらをしぼる過程は同じである。異なる点は、機械化されていることである。個人が収穫した菜種の分量が少ないので、現代では、なたねをあぶらに取り換えてもらえないと推測できる。取り換えるための人件費を考慮すれば、少量のなたねを引き取ることができないだろう。大学2年の女子学生は、次のように述べている。

　　「なたねをあぶらにとりかえてもらい→今時変えてくれるかわからないと思う。」大学2年女子、2014年(平成26年)10月3日)
　道徳の教材として使用する資料の中に、現在では通用しない商習慣を記載するとき、小学生が商習慣を理解できるように教員が説明しなければならない。小学生が、今でもなたねを作れば、あぶらに取り換えてもらえると、勘違いをしてはいけない。

　二宮金次郎は、なたねを土手にまいた。金次郎が生きていた江戸時代では、土地に対する権利意識が希薄だったので、所有者ではない者が勝手に土手になたねをまいても、とがめられなかった。現代では、自分が所有していない土地に、勝手になたねをまくことは許されない。

　この資料では、土手は堤防のことである。土手を含めた河川一帯は、河川法が適用され、個人が自由に使用できないようになっている。木曽川下流河川事務所は、次のように説明している。

　　「河川は公共のものですから、原則として誰でも自由に使用することができますが、河川区域内の土地を占用しようとする場合、工作物を新築・改築・除却する場合、土地の形状変更を行う場合

は、河川法に基づく許可を受ける手続きが必要になります。(河川法第24条、第26条第1項、第27条第1項)
　また、河川の堤防、樋管等の河川管理施設の安全を確保するため、河川区域に隣接する一定の区域を「河川保全区域」として定めています。
　河川保全区域では、建築される住宅等の工作物やその施工方法、設置される工作物が地下で水漏れを起こさないか、河川管理施設に対して支障にならないかを河川管理者が審査を行うため、住宅等の工作物の新築、改築もしくは土地の掘削盛土等の形状変更をするときは、事前に河川管理者に許可を受ける必要があります。(河川法第55条第1項)」(注11)

　この説明によれば、土手になたねをまくことは、土地の「占有」に該当する。なたねをまくことは、土地の「形状変更」に該当する可能性もある。いずれにしても、土手になたねをまくことは、現代では許されないことである。
　現行の法律に違反する行動を小学生に提示することは、好ましくないことである。小学生が真似をして、なたねを土手にまくことはないだろうか。二宮金次郎は土手になたねをまいたけれども、小学生はまいてはいけないと、担当教員は言わなければならない。この説明に納得しない小学生がいたとしても、不思議ではない。

⑤　自分の家を作ること

　二宮金次郎は、数え年の20歳のときに、自分の家を作り直している。資料の中の「つくり直す」は、新築とリフォームのどちらかを指している。どちらにしても、多額の費用が発生する。新築なら、数千万円がかかる。2012年(平成24年)1月12日の独立行政法人住宅金融支援機構の「住宅取得に係る消費実態調査(平成23年度)」によれば、一戸建て住宅の建築費・購入価格は、3007.1万円である(注12)。リフォームでも、最低数十万円から数百万円はかかる。リフォームに新築と同じ程度の費用がかかる場合もあるけれども、50

万円以下の費用がかかる場合もあり、1千万円を超える費用がかかる場合もある。

　金次郎は、数え年の16歳から数え年の20歳まで働いて、自分の家を作り直す費用を工面した。江戸時代では、銀行からローンを借り入れることはできない。5年前後で、自分の家を作り直す費用を貯めることは、かなり難しい。自分の家を新築したいなら、毎年600万円を貯めなければならない。自分の家を作り直す費用を考慮すると、金次郎にとって、家を新築することは無理である。

　他方、小規模のリフォームすることは可能である。数え年の20歳の時に家をリフォームすることは、小学生にとって望ましいことであり、奨励することであるか。自分の家を新築したり、リフォームしたりすることは、それぞれの個人の考え方に任せることである。家を作り直すために、5年前後を費やすことは、無駄とは言えないけれども、それほど大切なことではない。30代でも、40代でも、家を作り直すことは、可能である。費用を貯めることを重視すれば、数え年の20歳で家を作り直すことには、無理がある。

　資料の中に、「小さなど力のつみかさねが、大きなことにつながる。」と書いてある。「大きなこと」が自分の家を作り直すことを指し、「小さなど力」が費用を貯めることを指している。家を作り直す費用は大金であり、簡単には貯まらない。小学生が一念発起して、自分の家を作り直そうとしても、実現は難しい。

　道徳の資料は、児童・生徒の発達段階に対応したものでなければならない。人間の一生は、発達段階に区分できる。たとえば、人間は、乳幼児期、児童期、青年期、成人期、高齢期に区分できる。それぞれの発達段階において、多様な発達課題に直面する。二宮金次郎が、数え年の20歳の時に家を作り直したことは、現代ではとうてい無理な発達課題である。小学校1年生や2年生の児童に、家を作り直すことを考えさせることは、発達課題として適切ではない。

⑥ モデルとしての二宮金次郎

　道徳の資料は、児童・生徒にとってモデルとなるうるものでなければならない。例示として示された「おふろそうじ」は、児童・生徒にとって難しい仕事ではない。「おふろそうじ」を仕事に選ぶ児童・生徒が出てきても、おかしいことではない。

　二宮金次郎のように、仕事を終えて、眠いときに本を読むことは、難しいことである。小学生は、仕事を持って働くことの意味やたいへんさを十分に理解できない。仕事を持って働くことは、小学生にとって、現実味のないことである。

　2015年(平成27年)版「小学校学習指導要領　第3章道徳　第2内容　C　主として集団や社会との関わりに関すること」において、「働くこと」が取り上げられている。

　　「［勤労、公共の精神］
　　〔第1学年及び第2学年〕
　　　　働くことのよさを知り、みんなのために働くこと。
　　〔第3学年及び第4学年〕
　　　　働くことの大切さを知り、進んでみんなのために働くこと。
　　〔第5学年及び第6学年〕
　　　　働くことや社会に奉仕することの充実感を味わうとともに、その意義を理解し、公共のために役に立つことをすること。」

　さらに、「小学校学習指導要領　第6章特別活動　第2活動・学校行事の目標及び内容　［学校行事］　2内容　(5) 勤労生産・奉仕的行事」において、「勤労の尊さ」が取り上げられている。

　　「勤労の尊さや生産の喜びを体得するとともに、ボランティア活動などの社会奉仕の精神を養う体験が得られるような活動を行うこと。」

　小学生にとって、働くことは生計を立てるためではなく、お手伝いをすることである。道徳の時間の中で、担当教員は、小学生に対して、二宮金次郎のように数え年の16歳から働くことを奨励しているのではない。担当教員は、小学生が自分でできることを考えて、

お手伝いをすることを奨励している。
　二宮金次郎が生きていた時代では、学校制度が整備されていなかったので、高等学校に進学するという選択肢はなかった。高等学校を中退して働くことは、現代の小学生が避けることである。少なくとも、高等学校を卒業した上で、働くことを考えるべきである。金次郎の生き方を学習して、高等学校を卒業する前に働くことは、あまり勧められることではない。金次郎の生き方は、現代の小学生が目指すモデルにはならない。

(4) 二宮金次郎の資料批判
　二宮金次郎の資料については、道徳の教材として、いくつかの問題を指摘できる。第1に、金次郎の資料は、現代の児童・生徒の実体験とかけ離れている。第2に、金次郎の生き方は、現代の児童・生徒が真似をすることができない。第3に、金次郎の「小さなど力のつみかさね」は、現代の児童・生徒にとって、生きる指針とならない。
　金次郎の資料は、生活の在り方が古すぎて、現代の児童・生徒が理解できない。数え年の16歳から働いたこと、なたねをまいてあぶらを手に入れたこと、数え年の20歳の時に家を作り直したことは、現代では実行が難しい。小学生の理解力を考慮すると、金次郎の資料は、道徳の教材として、適切ではない部分を含んでいる。

4　杉原千畝の命のビザの教材分析
(1) 杉原千畝の命のビザ
　道徳の資料として、どのような資料が適切であろうか。資料として、杉原千畝の命のビザの資料を挙げることができる。杉原千畝の命のビザの資料は、内容の難易度を考慮すると、小学生の低学年向けの資料として、ふさわしくない。むしろ、杉原千畝の命のビザの資料は、中学生と高校生向けの資料となる。
　杉原千畝の命のビザの資料の内容の概要は、次の通りである。

「1937年(昭和12年)、杉原千畝は妻の幸子、長男の弘樹、幸子の妹の節子とともに、フィンランドの日本公使館に赴任し、公使代理となった。翌年、次男の千暁が生まれた。1939年(昭和14年)、ドイツ軍がポーランドに攻め込み、ソ連軍も侵攻した。杉原千畝は、リトアニアの日本領事館に領事代理として赴任した。翌年、三男の晴生が生まれた。

杉原千畝の仕事は、ソ連に関する情報を集め、日本の外務省に送ることである。杉原千畝は、ロシア語が得意であった。

ドイツのナチスに迫害されたユダヤ人たちは、ポーランドから逃げだそうとした。外国に逃げるために、日本を通過するビザが必要であった。そこで、ユダヤ人たちは、日本領事館に押し掛けた。

日本は、1936年(昭和11年)に、ナチス・ドイツと「日独防共協定」という条約を結んでおり、ドイツ、イタリア、日本で日独伊三国同盟を結ぼうとしていた。ユダヤ人たちにビザを与えることは、ドイツに対する敵対行為となる。当然、日本政府の考えによれば、ビザを発行してはいけないことになる。

杉原千畝は、ユダヤ人たちへのビザの発給を日本の外務省に問い合わせたが、松岡洋右外務大臣は、ドイツに逆らうようなことを認めなかった。杉原千畝が外務省の命令に背いて勝手に行動すれば、規則に違反することになる。出世ができないし、外交官をやめることになるかもしれないし、家族にも、迷惑がかかる。悩んだのち、ユダヤ人たちの命を救う方が大切と思い、杉原千畝は外務省の命令に背いて、領事の権限でビザを発給することにした。杉原千畝が発給したビザを持って日本に渡り、外国に逃れていったユダヤ人の数は、6000人にもなると言われている。

1946年(昭和21年)、日本に帰国するため、杉原千畝一家は、ブカレストを汽車で出発し、シベリアを横断し、ウラジオストックから博多に帰った。6月、外務省をやめ、その後、ソ連との貿易の仕事に携わった。

ビザを発給されたユダヤ人のひとり、ニシュリという人物は、イスラエル大使館の参事官になっていた。ニシュリは、28年間もの長い間、恩人である杉原千畝を探していた。ニシュリによれば、アメリカに渡ったユダヤ人たちは、戦後もずっと杉原千畝を探し続けていた。
　ユダヤ人たちは、杉原千畝から受けた恩を決して忘れていなかった。
　1985年(昭和60年)、杉原千畝は、イスラエル政府から「諸国民の中の正義の人賞」を贈られた。この賞は、イスラエルの建国に尽くした外国人に与えられるものである。」(注13)
　杉原千畝の命のビザの資料を理解するためには、理解しにくい言葉、当時のヨーロッパの状況、外交官の仕事の内容を知らなければならない。第1に、ビザとは何か。ビザは、「入国を許可する書類」(注14)である。小学生には、ビザを理解することが難しいかもしれない。一部の小学生は海外に旅行する機会があるので、ビザを知っている。次に、日本領事館とは何か。日本公使館とは、何が違うのか。少なくとも、杉原千畝が赴任した日本領事館の役割を知っておくべきである。
　このように、理解すべき言葉が難しいので、杉原千畝の命のビザの資料は、中学生と高校生向きである。
　第2に、当時のヨーロッパの状況は、日独伊三国同盟に象徴されるように、第2次世界大戦前夜であった。ユダヤ人は、ナチス・ドイツに迫害され、他の国に逃れようとしていた。
　第3に、日本から派遣された外交官の役割は、日本に有利になるように、ソ連の情報を集めることであった。杉原千畝はロシア語が得意だったので、白羽の矢が立ったのである。
　ヨーロッパの歴史は、小学校の5・6学年で取り扱うことになっている。「小学校学習指導要領第2章各教科　第2節社会　第2　各学年の目標及び内容」の中では、5学年で「主な国の名称と位置」を取り扱うとき、「近隣の諸国」を含めて取り上げることが書かれて

いる。6学年では、「2 内容　(3)イ」で、「我が国と経済や文化などの面でつながりが深い国の人々の生活の様子」を取り扱うとしている。小学校では、杉原千畝がリトアニアにいたころのヨーロッパの歴史を十分に学習していない。

(2) 何を学ぶか

　杉原千畝の命のビザの資料を使用して、生徒は何を学ぶのか。第1に、人間の命を救うという人道的、博愛的な動機について、生徒に考えさせることである。「中学校学習指導要領第3章特別の教科　道徳　第2内容」では、次のように「生命の尊さ」が書かれている。
　　「D　主として生命や自然、崇高なものとの関わりに関すること
　　[生命の尊さ]
　　生命の尊さについて、その連続性や有限性なども含めて理解し、かけがえのない生命を尊重すること。」
　人間の命を救うことは、「かけがえのない生命を尊重すること」である。ユダヤ人の命でも、他の人の命でも、「生命の尊さ」に変わりはない。ユダヤ人はドイツの迫害によって、命の危険にさらされていた。杉原千畝は人道的、博愛的な動機から、ユダヤ人の命を救うことを決めた。児童・生徒がユダヤ人の命を救うということに共感できるかが問われる。
　第2に、外交官の仕事をするというきまりと人の命を救うことを比べるときに、どちらを優先させるかを生徒に考えさせる。杉原千畝は、ソ連に関する情報を集めるという仕事を請け負って、リトアニアに赴任したはずである。杉原千畝が選ばれた理由は、ロシア語が堪能だったからである。杉原千畝は、日本のために、外交官としての職務を果たすというきまりを守らなければならなかった。
　仕事をするというきまりを守ることは、「中学校学習指導要領　第3章特別の教科　道徳　第2内容」では、次のように「遵法精神」が書かれている。
　　「C　主として集団や社会との関わりに関すること

［遵法精神、公徳心］
　　　法やきまりの意義を理解し、それらを進んで守るとともに、そのよりよい在り方について考え、自他の権利を大切にし、義務を果たして、規律ある安定した社会の実現に努めること。」
　外交官として仕事をするというきまりを守ることを優先すると、ユダヤ人にビザを発給することはしてはならないことになる。当時の日本はドイツと同盟関係にあるので、ドイツの方針に逆らうことは、日本の国益に反することになる。
　杉原千畝は、仕事をするというきまりを守ることと、人道的、博愛的な動機からユダヤ人の命を救うこととのどちらかを選択する状況に追い込まれていた。この状況は、2つの選択肢からひとつを選ぶことを要求している。杉原千畝は、両方を選ぼうとして、日本の外務省にビザを発給する許可を求めたが、許可が得られなかった。そこで、2つの選択肢の中からひとつを選び、ユダヤ人の命を救うことにした。この時、杉原千畝は、ずいぶん悩んだであろう。
　第3に、28年間もの長い間、杉原千畝を探し続けたユダヤ人たちの「強い意志」を生徒に考えさせる。杉原千畝の命のビザに直接助けられたユダヤ人たちだけではなく、イスラエルという国全体が杉原千畝の功績をたたえている。国のレベルで恩を受けた人を探すことについて、生徒に考えさせる。
　「中学校学習指導要領　第3章特別の教科　道徳　第2内容」では、次のように「克己と強い意志」が書かれている。
　　「A 主として自分自身に関すること
　　［希望と勇気、克己と強い意志］
　　　より高い目標を設定し、その達成を目指し、希望と勇気をもち、困難や失敗を乗り越えて着実にやり遂げること。」
　杉原千畝に命を助けられたユダヤ人は、第2次世界大戦ののち、恩人である杉原千畝を探した。杉原千畝の「ちうね」を「せんぽ」と呼んでいたため、なかなか本人にたどり着けなかった。杉原千畝に命を助けられたユダヤ人が、恩人を探したい気持ちを持っても不

思議ではない。注目すべきことは、命を助けられたユダヤ人が働きかけ、イスラエルという国全体が杉原千畝を探し続けたことである。国のレベルで、恩人を探し続けることは、まれなことである。

(3) 杉原千畝の命のビザの資料批判

　杉原千畝の命のビザの資料を活用した実践例がある(注 15)。この実践例は、次の点で不十分である。第1に、授業のねらいとして、次の記述がある。

　　「『いじめ』に負けない屈強な生き方を、偉人(杉原千畝)から学び、これからどのように生きるのかを考え、夢や希望をもって生きていこうとする。
(小学校学習指導要領3・4年　内容項目1-(2)(3))」(注 16)
　この中の「『いじめ』に負けない屈強な生き方」については、掲載されている資料からは、読み取れない。杉原千畝は、「いじめ」られていない。たくさんのユダヤ人が日本領事館に押し掛けたけれども、これは「いじめ」ではない。ユダヤ人は、日本を通過するためのビザを発給してほしかっただけである。たくさんのユダヤ人が押し掛けたけれども、ユダヤ人は節度を守っていた。日本領事館の中に、許可なく立ち入ろうとはしなかった。杉原千畝との話し合いによって、ユダヤ人の代表者5人から意見を聞くことになった。むしろ、ユダヤ人は、礼儀正しいとも言える。
　次に、日本の外務省が杉原千畝を「いじめ」たのか。杉原千畝が、ユダヤ人にビザを発給してよいかを外務省に問い合わせた時、外務省は許可しなかった。外務省は、ドイツとの同盟関係を守るために、ビザの発給を許可しなかった。外務省の立場としては、当然のことである。むしろ、杉原千畝の方が、外務省の方針に逆らったのである。外務省は、杉原千畝を「いじめ」てはいない。ありうるとすれば、第2次世界大戦が終わったのちに、杉原千畝を外務省などの公職に就かせなかったことである。杉原千畝の名誉回復に、時間がかかりすぎたことである。資料の中には、第2次世界大戦のあとのこ

とは書かれていない。

　「屈強な生き方」については、どうか。杉原千畝は、「屈強な生き方」をした人物ではない。ユダヤ人にビザを発給するかどうかについて、かなり悩んでいる。一方では、自分の出世の道が立たれること、家族の生活が不安定になることを考えていた。他方では、目の前のユダヤ人の様子を見て、ビザを発給しなければ、ユダヤ人の多くは死に至るであろうと考えていた。ビザの発給については、悩んだのちに、信念を持って決断したと言えるが、「屈強な生き方」をしたとは言いにくい。

　第2に、教師は、正義のヒーローを児童に考えさせるために、杉原千畝の資料を配布する前に、「正義のヒーローってどんな人ですか」を問う(注17)。児童の反応は、「みんなのためにつくす人」、「困っている人を助ける人」などである。その中で、児童は、具体例として、「アンパンマン」、「警察」を挙げている。「アンパンマン」については、「心が広い人」、「思いやりのある人」という意見が続く。「警察」については、「命を守ってくれる人」、「世界を平和にする人」が続く。

　杉原千畝と「アンパンマン」を比較しているが、「アンパンマン」は自分の頭や顔を困っている人に食べさせるという自己犠牲をしている。一方、杉原千畝はユダヤ人にビザを発給したが、自分の食べ物を分け与えるという自己犠牲まではしていない。杉原千畝は、外交官に任命されているので、恵まれた状況にいた。日本に帰る時にも、外交官として処遇された。杉原千畝と「アンパンマン」は「みんなのためにつくす人」であっても、自己犠牲という点で異なっている。

　小学校の3年生又は4年生に対して、「正義のヒーロー」を考えさせるためには、「正義」や「ヒーロー」という言葉の意味をはっきりと規定しなければならない。教師が投げかけた問いは、「正義のヒーローの定義を考えさせる問いである」(注18)としている。教師は、児童の反応を聞いても、「正義のヒーロー」の定義を示していない。

「正義」や「ヒーロー」という言葉は、抽象度の高い言葉である。小学生3・4年生には、難しすぎる言葉である。抽象度の高い言葉は、具体例を挙げると理解しやすい。正義の中身は多様である。杉原千畝が日本の外務省の命令に逆らって、ユダヤ人にビザを発給したことは、ひとつの正義である。一方、外務省の命令通り、ドイツとの同盟関係を考え、日本の国を守ることも、ひとつの正義である。どちらの正義を採用するのか。その手掛かりは、与えられた資料の中には存在していないので、児童は判断できない。

　次に、「きまりを守らない人」は「正義のヒーロー」ではないことを児童に説明するために、ばいきんまんと比較している(注19)。ばいきんまんはヒーローと言えないと考える児童が大半である。ばいきんまんは、「きまりを守らない人」であろうか。ばいきんまんのホームページ「それいけ！アンパンマン」の中の「アンパンマンQ&A」によれば、ばいきんまんの戦う理由が、次のように説明されている。

　　「ばいきんまんは、アンパンマンをやっつけることが生きがいなので、何度やられても、またアンパンマンと戦おうとします。それに、とっても立ち直りが早いので、やられても平気なのです。」
　(注20)

　ばいきんまんにとっての生きがいは、「あんぱんまんをやっつけること」である。ばいきんまんがメカを駆使してアンパンマンと戦うことは、ばいきんまんが自分自身にとっての「正義」を実行していると言える。正義はその人の置かれた状況によって、中身が異なってくる。

　「きまりを守らない人」は「正義のヒーロー」ではないことを児童に説明すると、矛盾が起きる。杉原千畝はユダヤ人の命を救うため、外務省の命令に従おうとしたが、最終的には、命令に従うというきまりを守らなかった。杉原千畝は「きまりを守らない人」なので、「正義のヒーロー」ではないことになる。

　「きまりを守らない」ことについては、児童に守らなくても良いことを教えてはいけない。一般論で言えば、きまりは守るべきこと

である。最初から、「きまりを守らない」ことを認めてはいけない。「きまりを守らない」ことが許されるときは、何か特別の理由があるときだけである。時には、別のきまりを守るために、ひとつのきまりを守らないことが生ずる。教師は、「きまりを守らない人は、正義のヒーローとは言えない」を主張してはいけない。

　日本の外務省からの命令は、ひとつのきまりである。杉原千畝は、このきまりを守るために、リトアニアの日本領事館に赴任した。しかし、杉原千畝は、死の危険にさらされたユダヤ人を見捨てることができなくて、外務省からの命令に従わないことに決めた。杉原千畝は最初からきまりを守らなかったのではなく、きまりを破る理由を重視したので、結果としてきまりを守らなかったのである。外務省からの命令に従うこととユダヤ人の命を救うこととを両方考えた時に、杉原千畝はユダヤ人の命を救うことを選択した。杉原千畝はきまりを守らなかったけれども、「正義のヒーロー」になった。

5　トルコ軍艦エルトゥールル号の遭難
(1) トルコ軍艦エルトゥールル号事件

　トルコは、親日国である。その理由は、かつて和歌山県串本町の漁師が難破したトルコ軍艦の生存者を救ったからである。概要は、次の通りである。

　「1890年(明治23年)9月16日にトルコ軍艦エルトゥールル号が、和歌山県串本村(現在の串本町)、正確には旧大島村樫野崎灯台の近くで座礁した。エルトゥールル号は、オスマン帝国の皇帝アブデュルハミト二世の指示により、親書と勲章を明治天皇に渡したのち、帰国の途中で遭難した。

　エルトゥールル号の乗組員の中で、587人が行方不明であった。生存者は崖の下で救助を待っていた。生存者を崖の上まで運ぶことは、難儀なことであった。串本村の漁師は、生存者69人の手当てをし、衣服を与えた。大島村民は半農半漁で生計を立てており、多くの村民は漁師であった。遭難したものがいれば、国籍を

問わず、助けるのが当たり前であった。そこには、何の打算もなかった。

　大島村民は決して裕福ではなかったので、食料や衣服を調達することが困難であった。村民は漁ができないとき、生き延びるため、床下に甘藷(さつまいも)を蓄え、鶏を飼っていた。食糧事情がよくないのに、村民は自分たちの非常のための食料を、惜しげもなく生存者に分け与えた。

　衣服についても、余裕がなかった。ほとんどの生存者は衣服をつけていなかった。村民は、家にある衣服を持ち寄った。浴衣、筒袖の丈が短いアツシ(木綿の半纏)、女性や子ども用の着物まで集めた。

　医師の治療を受けた生存者は、日本政府の軍艦比叡と金剛によって、トルコまで送還された。

　エルトゥールル号の遭難者の墳墓(1890年(明治23年)9月)と慰霊碑(1891年(明治24年)2月)が、樫野崎灯台の西約300メートルの地点に建てられ、現在でも残っている。村民が、この慰霊碑を掃き清め、守護してきた。墳墓と慰霊碑は、1936年(昭和11年)4月に改修され、遺骨を集めて慰霊碑の真下の棺に収めた。

　大島では、1890年(明治23年)以降、5年ごとに慰霊祭を行っている。樫野の住民特に小学生が戦前から慰霊碑の清掃作業を続けている。

　エルトゥールル号の遭難から95年後に、トルコと日本の関係が注目された。1980年(昭和55年)にイラン・イラク戦争が起き、1985年(昭和60年)3月20日以降、民間機でも攻撃するというイラクの通達があった。その結果、イランの在留邦人215名が取り残された。この時、トルコが2機の飛行機を在留邦人の救出のために運航してくれた。トルコ航空の措置は、人道的なものであったが、根底にあるのは、エルトゥールル号の遭難の時、日本の串本村民が生存者を救ったことである。トルコは、日本人から受けた親切を忘れないでいた。

イランでは、救援機に乗れなかったトルコ人が約500人いたが、陸路自動車でイランを脱出した。テヘランからイスタンブールまでは、3日以上かかる。トルコ政府は自国民よりも日本人の救出を優先した。日本人の救出を決定したオザル首相への非難はなかった。」(注21)

エルトゥールル号の遭難は、小学生よりも中・高等学校向きである。ひとつの理由は、人道的な思いからエルトゥールル号の遭難者を救出することができるかを考えさせるからである。小学生は思考の発達が未熟なので、具体的な経験を考えることができても、抽象的なことを考えることができない。エルトゥールル号の遭難は小学生が実際に経験できることではない。中・高校生なら、たとえ経験していなくても、自分の頭の中でエルトゥールル号の遭難者の救出を考えることができる。

もうひとつは、エルトゥールル号の日本への派遣、イラン・イラク戦争の経緯を理解することは、小学生では難しいからである。中・高校生なら、歴史的な事実を理解できる。道徳の教材として使用するとき、資料に含まれる事実的内容は、道徳的判断をするために役立つ。事実的内容を理解できないと、道徳的判断をすることができない。

(2) 何を学ぶか

エルトゥールル号の遭難に関する資料で、生徒は何を学ぶのか。第1に、串本村民は、エルトゥールル号の遭難者の命を大切に思ったので、救助をした。命の大切さをどのように考えるか。生徒の中には、自分たちや家族の生活の方が大切という判断をする者がいるかもしれないが、どこの国の人の命も、自分たちの命と同じように大切であることを生徒は学んでほしい。

「中学校学習指導要領　第3章特別の教科　道徳　第2内容」には、「生命の尊さ」が含まれている。

「D 主として生命や自然、崇高なものとの関わりに関すること

[生命の尊さ]
　　　生命の尊さについて、その連続性や有限性なども含めて理解し、かけがえのない生命を尊重すること。」
　人の命を救う時、時間をかけてじっくり考えないかもしれない。むしろ、即断即決をして、反射的に体を動かしたのである。串本村民には漁師が多かったので、海での遭難者を救うことは、当たり前のことであった。串本村民は、迷うことなく、遭難者の救助にあたった。串本村民は、遭難者を救助することについて、見返りを考えていなかった。損得の勘定をしないで、遭難者を救助した。遭難して人の命を救うために、生徒は、救出に向かうことを決断するだろうか。
　第2に、串本村民は、エルトゥールル号の遭難者を救うために、自分たちの食料や衣服を分け与えた。串本村民は、自分たちの生活よりも、人の命を救うことを優先させている。これは人道的思いからの行動であるが、生徒はこの場面で、どのように行動するか。生徒には、遭難してケガをした人、空腹な人を思いやることを理解してほしい。
　「中学校学習指導要領　第3章特別の教科　道徳　第2内容」には、「思いやり」が含まれている。
　　「B　主として人との関わりに関すること
　　[思いやり、感謝]
　　　思いやりの心をもって人と接するとともに、家族などの支えや多くの人々の善意により日々の生活や現在の自分があることに感謝し、進んでそれに応え、人間愛の精神を深めること。」
　串本村民は、決して豊かではない生活を営んでいたにもかかわらず、持っていた食料や衣服をエルトゥールル号の遭難者に惜しみなく与えている。思いやりの心がなければ、貴重な食料や衣服を与えることはできない。生徒は困っている人のために、自分の食料や衣服を与えることができるか。
　第3に、エルトゥールル号の遭難者の慰霊碑を清掃したり、守っ

たりすることの大切さを理解する。串本村民特に樫野小学校の児童が、慰霊碑の清掃をし続けている。樫野小学校の児童は、遭難で亡くなったトルコ人の霊を慰め、トルコの国を尊重している。エルトゥールル号の遭難をきっかけにして、串本市とトルコとの交流は、ずっと続いている。樫野小学校の児童は、トルコという国を尊重し、交流をしている。

「中学校学習指導要領　第3章特別の教科　道徳　第2内容」には、「国際理解、国際貢献」が含まれている。
　「C 主として集団や社会との関わりに関すること
［国際理解、国際貢献］
　世界の中の日本人としての自覚をもち、他国を尊重し、国際的視野に立って、世界の平和と人類の発展に寄与すること。」
　串本市とトルコとの交流は互いの国の様子を知ることにつながり、「国際理解」を進めることになる。

　第4に、親切にしてもらったことを忘れないで、感謝の気持ちを持ち続ける態度を育成する。トルコ人は、エルトゥールル号の遭難を忘れてはいなかった。イラン・イラク戦争で、イランの在留邦人が、国外脱出ができなくて困っていたところ、トルコは救援機を派遣してくれた。トルコの国民は、自国民より在留邦人を優先させ、救援機に搭乗させたことに対して、文句を言わなかった。トルコ人は、95年もの長い間、エルトゥールル号の遭難の時に串本村民から受けた親切を忘れないでいた。

　「中学校学習指導要領　第3章特別の教科　道徳　第2内容」には、「感謝」が含まれている。感謝の心を持ち続けることは、簡単ではない。トルコ人は、自分たちの国民よりも、在留邦人を優先させ、飛行機に乗せてくれた。生徒には、感謝の心を持ち続けることを学んでほしい。

（3）エルトゥールル号の遭難の資料批判

　エルトゥールル号の遭難の資料については、次のことを指摘でき

る。第1に、エルトゥールル号の遭難の資料として、使用しやすいものが見当たらない。寮 実千子氏の『エルトゥールル号の遭難——トルコと日本を結ぶ心の物語』は、読み仮名をつけているので、小学生向きと推測される。その中で、軍艦エルトゥールル号の建造から、遭難するまでの経緯が詳しく書かれている。一方、遭難から救助までの記述は少なくなっている(注22)。

第2に、道徳の授業で使用する資料は、事実的内容に基づくべきである。資料が過去の事件を取り扱うなら、事故の状況を詳しく書かなければならない。資料は、正確な情報に基づいて作成すべきである。

秋月達郎氏の『海の翼——エルトゥールル号の奇蹟』(注 23)は、文庫版で473ページあり、読み通すのに大変である。文庫版の帯には、「実話を基に描かれる感動の長編小説」とあり、「実話」とは異なる記述があると推測できる。資料として、事実的内容を豊富に含むことが望ましい。事実的内容は、残されている文献を手掛かりにして、できるだけ正確に記述すべきである。道徳的判断は、事実的内容に基づいていなければならない。事実的内容が貧弱であれば、道徳的判断をすることができない。

6 道徳指導案の作成
(1) 道徳授業の段階

道徳の授業を進めるときには、教科の授業と同様に、導入、展開、終末という段階に従って行う。この3つの段階は、指導過程又は展開の大要と呼ばれ、道徳指導案にも記載する。

3段階の指導過程は、J・F・ヘルバルト(J.F.Herbert)の4段階教授法を源泉としている。4段階教授法は、明瞭、連合、系統、方法の4つに区分されていた。ヘルバルトの弟子は、5段階教授法を定式化したが、現在では、導入、展開、終末の3段階教授法が一般に用いられている。導入を方向付け、意識化、展開を価値の追求・把握と内面化、終末をまとめと言い換えることもあるが、基本的な区

分方法は変わっていない。

　指導過程の分量については、定められていない。1単位時間では、短いものは、A4サイズ1〜2枚の略案から、3〜4枚の密案に達するものまである。最近の傾向は、略案を使用することが多い。

　では、導入、展開、終末をさらに詳しく見てみよう(注24)。

① 導 入

　まず、導入では、次のことを行う。第1に、学習しやすいように学習環境を整える。児童・生徒を着席させ、学習に入るための雰囲気を作る。児童・生徒を静かにさせた後に、注意を教師の方に向けさせ、学習に対する構えを形成させる。

　第2に、今までに学習したことの中で、本時と関連するところがあれば、要約したり、復習したりする。前時までに学習したことを確認し、本時の授業に役立てるようにする。

　第3に、これから何を学習するのかを明らかにする。児童・生徒に質問を投げかけ、学習する内容につなげていく。質問はわかりやすくし、児童・生徒が簡単に答えられるようにする。

　第4に、学習に対する興味を喚起し、学習意欲を高め、学習に対する動機づけを図るようにする。児童・生徒の興味を引きつけるように心がける。前もって図表や模型を作成しておき、児童・生徒の視覚に訴えるように工夫する。

　このような導入には、5分から10分を割り当てる。導入は、オリエンテーション、開始、意識化、方向づけとも呼ばれている。

② 展 開

　次に、展開では、具体的な学習活動が行われる。第1に、教師が、学習内容のひとつひとつを説明していく。そのとき、児童・生徒がどの程度理解しているのかを見極めることが大切である。また、教師が一方的に注入しないように配慮すべきである。教師の説明は必要最小限にし、児童・生徒によるグループ・ワークをできる限り取

り入れる。グループで議論したことは、発表してもらい、クラス全体で考えるようにする。

第2に、教師が児童・生徒に発問し、その答えを吟味することによって授業を進めていくやり方がある。授業の中心は、質問とそれに対する応答ということになる。前もって質問を準備し、児童・生徒の答えを予想しておく。予想していない答えが返ってきたときには、その取り扱いに注意する。

第3に、実験や実習を行う場合には、具体的な作業が展開の中味となる。作業をいくつかの段階に分け、その中のどこまでを本時に行うかを明らかにする。実験や実習が予定されているときには、前もって器具や道具を準備しておかなければならない。

第4に、問題解決学習を行う場合には、教師が問題を提示したり、児童・生徒が自ら考えたりする。問題をつきつめ、その問題を解決するための資料を収集し、分析する。そして、最も適切な解決策をひとつの仮説として設定する。その仮説を検証することも必要なことである。問題を解決するためには、グループ・ワークを行い、児童・生徒同士で意見を出し合うようにする。

このような展開が授業の中心であり、指導、研究、価値の追求・把握と内面化とも呼ばれている。展開には、30～40分の時間を割り当てる。

③ 終 末

終末では、本時で学習したことをまとめ、残された問題や新たに発生した問題を確認する。学習内容のまとめ方は、教師が行ったり、児童・生徒が行ったりする。板書した内容をまとめにしてもよいし、改めて内容の要約を板書してもよい。児童・生徒のノートに要約させることもよい。

残された問題や新たに発生して問題があれば、指摘しておく。必要なときには、再び取り上げるようにする。用いた資料や実験の記録は、整理しておき、次の学習に役立てるようにする。

終末はまとめ、整理、概括とも呼ばれている。この終末には、5〜10分の時間を割り当てる。

(2) 道徳指導案の項目
道徳指導案では、次のような具体的な項目を立てる(注25)。
① 主題名
　主題とは、教育内容のひとまとまりのことである。この主題を学習指導要領の内容と関連付ける。教科では単元名となるが、主題は比較的小さいひとまとまりである。主題名の例として、「杉原千畝の命のビザ」がある。この主題は、「中学校学習指導要領　第3章特別の教科　道徳　第2内容」の中の「克己と強い意志」と関連している。
② 資料名
　使用する資料の名称や出典を書く。たとえば、杉原千畝についての資料の出典は、「杉原幸子・杉原弘樹、『杉原千畝物語――命のビザをありがとう』(金の星社、2016年)」である。
③ 主題設定の理由
　この主題がどのような理由で取り上げられたかを説明する。主題設定の理由として、指導観、教材観、児童・生徒観を述べる。まず、どのような方針で指導するのかを述べる。次に、どうしてこの教材を取り上げるのかを明らかにする。そして、児童や生徒の学習の状況や発達の程度を確認しておく。他に、ねらいとする価値観、資料とその活用について、を書くこともある。この部分は、書きにくいので注意する必要がある。
④ 主題の目標又は本時のねらい
　取り上げる主題の目標を具体的に書く。目標の文章表現は、知識、理解、技能、態度によって適切なものを選ぶようにする。たとえば、知識では、「～を知る」、「～が言える」、「～を認識する」という表現がある。理解では、「～を理解する」、「～がわかる」という表現がある。技能では、「～ができる」、「～に習熟する」という表現がある。

態度では、「～の態度を育成する」、「～の態度を持つ」という表現がある。

取り上げる主題が1単位時間で完結するときには、本時のねらいを書く。

⑤　本時と他教科・他領域との関連

本時の授業と関連する教科、領域を書く。教科では、社会の歴史的分野の「近代の日本と世界」、道徳では、「思いやり、感謝」、「公正、公平、社会正義」、「国際理解、国際貢献」、「生命の尊さ」と関連している。総合的な学習の時間では、「生命の尊さを学習しよう」、「外交官の仕事を考えよう」と関連している。特別活動では、「自己及び他者の個性の理解と尊重」、「社会の一員としての自覚と責任」と関連している。

⑥　主題の指導計画

ひとつの主題は、1単位時間から数単位時間にわたって展開される。数単位時間にわたる場合には、その展開の概要を書き、授業時数を配当する。その中に、本時の授業を位置付ける。そのためには、主題の全体を知り、必要なら小項目に区分する。

⑦　指導過程

指導過程は、道徳指導案の中心的な位置を占めている。指導過程は、図表にして書く。縦軸は導入、展開、終末に区分して、授業の流れを時間に沿って順に書く。横軸は、時間、児童・生徒の活動（学習内容）、教師の活動、指導上の留意点に区分する。他に、主な発問、予想される反応、準備、評価の欄を設けることもある。

⑧　反　省

授業を実際に行い、よかった点や悪かった点を書く。そうして、次の授業に生かすようにする。

⑨　ご講評

授業の参観者からの意見や批評を書いてもらう欄である。自分では気がつかないことも指摘されるので、しっかりと受け止めるようにする。

注

(1) 文部科学省、『小学校学習指導要領解説　道徳編』(東洋館、2008年)　94ページ

(2) 杉原幸子・杉原弘樹、『杉原千畝物語──命のビザをありがとう』(金の星社、2016年) 20ページ。

(3) 文部科学省、『わたしたちの道徳』小学校1・2学年（文溪堂、2014年）28－31ページ。

(4) 小暮正夫、『二宮金次郎』(ポプラ社、2013年) 161ページ。

(5) 礫川全次、『日本人はいつから働きすぎになったのか』(平凡社、2014年) 39ページ。

(6) 厚生労働省、「社会的養護の現状について(参考資料)」2014年(平成26年)3月
http://www.mhlw.go.jp/bunya/kodomo/syakaiteki_yougo/dl/yougo_genjou_01.pdf　(2014年(平成26年)12月25日閲覧)

(7) 文部科学省、『平成24年度文部科学白書』(日経印刷、2013年) 396ページ。

(8) 同上、396ページ。

(9) 文部科学省、「高等学校における中途退学者数と中途退学率の推移」
http://www.mext.go.jp/component/b_menu/shingi/giji/__icsFiles/afieldfile/2013/11/13/1341420_2.pdf (2015年(平成26年)12月25日閲覧)

(10) 二宮康裕、『二宮金次郎正伝』(廣池学園事業部、2010年)　39ページ。

(11) 木曽川下流河川事務所「河川法の手続きについて」
http://www.cbr.mlit.go.jp/kisokaryu/river_law/index.html
(平成26年12月25日閲覧)

(12) 独立行政法人住宅金融支援機構の「住宅取得に係る消費実態調査(平成23年度)」
http://www.jhf.go.jp/files/100454045.pdf (2015年(平成26

年)12月25日閲覧)
(13) 概要は、下記をまとめた。
杉原幸子・杉原弘樹、『杉原千畝物語――命のビザをありがとう』(金の星社、2016年)
(14) 同上、41ページ。
(15) 貝塚茂樹・柳沼良太(編)、『学校で学びたい日本の偉人』(育鵬社、2014年)28－43ページ。
(16) 同上、34ページ。
(17) 同上、35ページ。
(18) 同上、35ページ。
(19) 同上、36ページ。同書では、あんぱんまんが片仮名のアンパンマンになっているが、公式ホームページ(注20を参照。)では、ひらがなの表記をしている。本書の第8章では、ひらがな表記をしている。
(20) 「それいけ！アンパンマン　アンパンマンQ&A」
http://www.anpanman.jp/world/qanda/index.html(2016年(平成28年)6月30日閲覧)
(21) 概要は、下記をまとめた。
山田邦紀・坂本俊夫、『東の太陽、西の新月――日本・トルコ友好秘話「エルトゥールル号」事件』(現代書館、2015年)
(22) 寮 実千子氏の『エルトゥールル号の遭難――トルコと日本を結ぶ心の物語』(小学館、2015年)36－47ページ。
(23) 秋月達郎氏の『海の翼――エルトゥールル号の奇蹟』(PHP研究所、2015年)
(24) ３段階の指導過程については、下記参照。
拙著、『教育学の展開』(中部日本教育文化会、2013年)118～120ページ。
(25) 教科の学習指導案の項目については、下記参照。
同上、122～123ページ。

第9章　ディベートによる道徳教育

はじめに

　道徳教育という場合、小学校と中学校における「特別の教科　道徳」(「道徳科」と呼ぶ。)を指すことが多い。小・中学校では、道徳科を要として、学校の教育活動全体で道徳を指導するとしている。道徳科においては、集中的に道徳を教えることができる。他方、高等学校では、道徳科を設けないで、学校の教育活動全体で道徳を教えるというやり方を採用している。

　本章で扱う道徳教育は、主として小・中学校の道徳科における指導のことである。特に、中学校における道徳教育を中心にして、話を進めるが、高等学校のホームルーム活動にも十分応用できるものである。中学校では、道徳科の指導は、「学級担任の教師が行うことを原則」としている。その理由は、次のように考えられている(注1)。第1に、担当する学級の生徒を一番よく知っている者は、担任の教師である。したがって、道徳の授業を効果的に行える者は、学級担任の教師である。第2に、教師は、生徒の前に完成した人格として現れるのではなく、生徒とともにいかに生きるべきかを、ともに悩み、考えていくべきだから、担任の教師が道徳科を担当すべきである。第3に、中学校の全教師が道徳教育を推進することからも、担任の教師が道徳科の指導に携わることが、望ましい。そして、高等学校では、ホームルーム活動担当の教師が、道徳的な問題を扱うべきである。

　担任の教師が道徳科を担当するとき、道徳教育の方法として、どのようなやり方が採用されているのだろうか。たとえば、『中学校指導書・道徳編』によれば、道徳の時間(現在の「道徳科」)の指導方法として話合い、説話、読み物の利用、視聴覚機器の利用、役割演技の5種類が挙げられている。これらの指導方法は、それぞれ固有の特徴をもちながら、生徒の道徳的思考や感情を陶冶することに役

だっている。私は、これらの指導方法につけ加えて、第6番目の方法を提案してみたいと思う。それは、ディベートと呼ばれる方法である。もし従来の指導方法と関連づけるなら、ディベートは、話合いの中の討議を拡張、発展させたものであるが、「討議」という言葉を使用すべきではない。それは、生徒自身によるルールのある、主張のやり取りである。私は、かねてから思考の訓練方法としてのディベートに関心をもっていた。本章の目的は、ディベートが道徳的な諸問題に適用でき、道徳教育の指導方法として成り立つことを示すことである。

本章においては、第1に、『中学校指導書・道徳編』と手がかりとして、従来の道徳教育の方法を紹介し、吟味する。第2に、ディベートとは何かを説明する。第3に、ディベートの意義を考察する。第4に、道徳教育とディベートとの関連を探究する。第5に、アクティブ・ラーニングのひとつとして、ディベートを位置付ける。

1 従来の道徳教育の方法
(1)『中学校指導書・道徳編』における道徳教育の方法

「第7章 道徳のジレンマ授業批判 はじめに」でも取り上げたが、『中学校指導書・道徳編』によれば、道徳教育の指導方法は、5種類挙げられている。それらの指導方法を詳しく見てみよう(注2)。

① 話合い

話合いとは、2人以上の生徒が資料について自らの考え方や感情を交換し、互いの理解を深める過程である。生徒は5～6人の小集団に分けられ、その中で話合いを進めることが多い。その方が、生徒の発言の機会が確保されるからである。話合いは、討議と問答に分けることができる。話合いと討議・問答の関係は、次のようになっている。話合いは、形式にこだわらず、自由にのびのびと意見を出しあい交流することである。次に、討議は、話合いの過程を合理的、組織的にしたものであり、座席を整え、司会者や議長がルールに従って意見を交換しあうような形式の整ったものである。最後に、

問答は、一対一の話合いであり、教師と生徒、生徒相互の間で行われる。一般的には、教師の発問に対して生徒が応答するという形で進められる。

② 説 話

説話は、あるまとまりをもった内容を、教師が生徒に話して聞かせる指導方法である。説話は、望ましい話を生徒に聞かせることによって、強い感銘を与える、ことができ、生徒の心情を陶冶するのに役だつ。説話は、教師が自由に構想をねることができる反面、教師の一方的な押しつけになりやすいので、注意する必要がある。説話の題材としては、生徒にとって身近な話題としての日常の生活問題、教師自身の体験談、生徒の視野を広げ、社会的関心をもたせるためのテレビ、ラジオ、新聞などのマス・メディアが提供する時事問題、「人のふり見てわがふり直せ」のような道徳的判断を含んだことわざや金言、読み物資料や映画などのあら筋、生徒や親を対象にした調査で得られたデータ、が挙げられる。

③ 読み物の利用

読み物とは、道徳の時間に扱われる資料の総称であり、その資料を読み、解釈することによって、生徒自らの考え方や感情を深めることになる。たとえば、村上敏治氏は、読み物資料の意義として、次の3点を指摘している。

① 自分の心や生活の姿を映す姿見としての資料
② 道徳的思考をみがく砥石としての資料
③ 現在および将来に生きる自己の人生の展望をもつことのできる地図ないし道徳としての資料(注3)

特に、②の「道徳的思考をみがく」ことに注目したい。道徳の時間においては、資料を理解したり読解したりすることが、すべてではない。むしろ、資料を理解した上で、資料に登場する人物の行動、気持ち、考え方を比較考量し、道徳的思考のための教材とするのである。この点において、国語と道徳の時間とは異なっている。

読み物資料の種類としては、①文学作品等（物語、小説、詩、随

筆、伝記など)、②昔話、民話、寓話、童話等、③児童・生徒作文、④論説文、⑤対話文、⑥自作資料、がある。

④ 視聴覚機器の利用

道徳の資料を生徒に提示する際に、さまざまの視聴覚機器を用いることができる。視聴覚機器としては、映画、16ミリ、スライド、テレビ、ラジオ、VTR、録音テープ、OHP、統計図表、紙芝居などがある。これらの視聴覚機器を用いることによって、生徒に生き生きとした資料を与えることができる。しかし、その反面、単に視聴させるだけでは、道徳教育という名前に値しないであろう。それぞれの視聴覚機器の特性を十分知った上で、生徒に深く考えさせることが必要となってくる。当然のことながら、視聴覚機器の操作の仕方についても、教師は前もって知っておかなければならない。

⑤ 役割演技

役割演技は、日常経験する個人の道徳的問題や社会生活上の問題を取り上げて、生徒にその場面と役割を与え、脚本を用いないで、即興的に演技させることである。この役割演技は、J・L・モレノ(J.L.Moreno)が臨床医学における集団心理治療の方法として考案したものである。

役割演技は、取り上げる内容によって、次の3種類に分けられる。第1に、生活劇は、身近な集団生活の問題を取り上げて、再現的に演ずるものである。第2に、社会劇とは、社会生活の中で起きる問題を取り上げて即興的に演ずるものであり、社会的な適応という視点からとりあげられる場合が多い。第3に、心理劇とは、個人的な問題を取り上げて即興的に演ずるものであり、主に心理的な葛藤とその適応という視点から取り上げられる。

このような役割演技を終えたあと、必ずその内容について話合ったり、感想をノートにまとめたりすることが大切である。すなわち、役割演技を通して、生徒に道徳的な思考をさせることが、大切である。

(2) 道徳教育の方法批判

　道徳教育の方法としては、読み物の利用と話合いが、一番多いであろう。なぜなら、読み物資料が、最も簡単に手に入るからである。話合いは、読み物資料の内容について進められる。説話は、準備が大変である。視聴覚機器の利用は、道徳の授業を補助するものである。また、役割演技は、心理学的な知識が必要だから、実践例としては少ないだろう。結局、従来の道徳教育の典型的な方法は、読み物資料を提示し、それについて話合いをすることである。この方法は、次のような欠点をもっている。

　第1に、インドクトリネーションに陥る危険がある。インドクトリネーションは独断的注入のことであり、普通悪い意味で用いられている。インドクトリネーションが何であるかについて、少なくとも2通りの考え方がある。ひとつは、教える内容が証拠不十分であるか、真であると認められない場合であり、もうひとつは、教える人の意図が、一定の無批判的な教義を生徒に植えつける場合である。いずれにしても、従来の道徳教育の方法は、一定の徳目という教義を生徒に独断的に教えこもうとしているように思える。道徳の授業においては、指導案に書かれていなければ、生徒の発言はとりあげられない。一方、望ましい諸価値を体系的に教えようとする価値のインカルケーションの立場も、NEA（全米教育協会）を中心にして、推進されていた(注 4)。現在では、キャラクター・エデュケーション(人格教育)として、注目されている。

　第2に、道徳の授業の指導方法が、読み物資料の理解というように、画一化されてしまっている。資料について考えることよりも、資料を読みとる方に時間とエネルギーが費されてきたように思われる。もちろん、すべての読み物資料の内容が難しいわけではない。しかし、道徳の授業を有効なものにするためには、資料の難易度さらには道徳教育の方法も問い直さなければならない。

　第3に、道徳の授業は、生徒にとって一番つまらない、退屈な時間となっている。このつまらなさは、道徳の授業の指導方法と内容

に関係している。特に、その内容について、資料を理解した後、教師が生徒に何を言わせたいのか、既に生徒は知っている。すなわち、生徒の方が、教師の意図することを前もって知っており、いわば教師を喜ばせるために、模範解答を自分の意見として述べているにすぎない。そこには、道徳的思考の余地は、全く存在していない。

従来の道徳教育の方法は、以上の点で批判できる。これらの批判を克服するために、ディベートを道徳教育の方法として確立させることに意義がある。

「道徳教育に係る評価等の在り方に関する専門家会議」は 2016 年(平成 28 年)7 月 22 日に「『特別の教科　道徳』の指導方法・評価等について」の報告書をまとめた。報告書の整理案では、道徳教育の指導方法を次のように批判している。

「道徳教育に熱心に取り組んできた教師は、これらの『指導過程』を参考にしながら目の前の子供たちの実態や状況に応じた道徳の時間の工夫や改善を行うことが大事であるとの認識のもと、質の高い道徳教育の実現に向けて取り組んできた。他方で、主題やねらいの設定が不十分なまま、これらの指導過程に過度に固執したり、これを『型』どおりに実践していればよいと捉えたりする姿勢も一部には見られ、指導が固定化・形骸化しているのではないか、読み物の登場人物の心情の読み取りのみに偏っているのではないか、望ましいと思われることを言わせたり書かせたりする指導に終始しているのではないかといった指摘につながっている。」(注 5)

この中で、道徳の「指導が固定化・形骸化している」という指摘は、道徳の指導を実施した後の成果と関係している。小・中学校において道徳を週 1 時間指導したけれども、児童・生徒は道徳的判断力、心情、態度を身につけていない。効果的な指導ができない理由は、道徳の指導方法が適切でないからである。

報告書の整理案は「道徳科の質の高い多様な指導方法」の特徴として、3 つの指導方法を挙げている。

「① 読み物教材の登場人物への自我関与が中心の学習
　教材の登場人物の心情と自分との関わりについて、多面的・多角的に考えることを通し、道徳的諸価値の理解を深めることについて効果的な指導方法であり、登場人物に自分を投影して、その判断や心情を考えることにより、道徳的価値の理解を深めることができる。
② 問題解決的な学習
　児童・生徒一人一人が生きる上で出会う様々な道徳的諸価値に関わる問題や課題を主体的に解決するために必要な資質・能力を養うことができる。問題場面について児童・生徒自身の考えの根拠を問う発問や、問題場面を実際の自分に当てはめて考えてみることを促す発問、問題場面における道徳的価値の意味を考えさせる発問によって、価値を実現するための資質・能力を養うことができる。
③ 道徳的行為に関する体験的な学習
　役割演技などの体験的な学習を通して、実際の問題場面を実感を伴って理解することを通して、様々な問題や課題を主体的に解決するために必要な資質・能力を養うことができる。問題場面を実際体験してみること、また、それに対して自分ならどういう行動をとるかという問題解決のための役割演技を通して、道徳的価値を実現するための実践的な資質・能力を養うことができる。」(注6)

この中の「② 問題解決的な学習」のひとつとして、ディベートによる道徳教育を位置付けることができる。ディベートによる道徳教育は「道徳的諸価値に関わる問題や課題」を論題として取り上げ、「児童・生徒自身の考えの根拠を問う発問」を考えことにより、「価値を実現するための資質・能力」を育成できる。
では、次に、ディベートとは何かを見てみよう。

2 ディベートとは何か
(1) ディベートという用語

　ディベートという用語が、かなり普及してきた。その用語を原語のまま使用していることは、日本語には対応する言葉がないことを示している。ディベートの訳語として、討論や討議という用語がある。しかし、常識的な感覚でとらえられた討論や討議では、ディベートを理解することはできない。

　たとえば、松本道弘氏は、ディベートを知的対決であると規定しており、日本人には、知的対決の論理や方法が必要であると主張している。松本氏は、次のように述べている。

　　「ディベート（ケンカに至らない議論）こそ、民主主義の要石であり、知的対決を避けぬことこそ、今後の日本が求めるクールなサムライの"意地"である。」(注7)

　松本氏の「サムライ」的精神は、主催する「ディベート道場」にも受けつがれている。しかし、その精神は、ディベートを語る時には、むしろ不必要である。さらに、松本氏が訳したディベートに関する本『ディベートの要点』(Essentials of Debate)の日本語の題名も『ディベートの方法―討論・論争のルールと技術』(注8)となっている。ディベートの訳語として闘論もあったが、現在では、ディベートという言葉が定着し、そのまま使用されている。

(2) ディベートの定義

　ここで、ディベートとは何かに答えるために、ディベートの定義を見てみよう。

　① ディベートは、論題について推理された判断を追求する探究と主張の過程である(注9)。

　② ディベートは、時間、場所、形式の制限の中でまたは制限なしで生ずる、論題に賛成し反対する口頭の、または文章化された競争的な主張である、と定義される(注10)。

　以上の定義を見てわかる通り、ディベートは、信念の言明である

論題に賛成する側と反対する側との間の、推理された主張である。自分の主張が正しいことを示すために、推理をし、証明しなければならない。当然、証明するための証拠も提出する必要がある。ディベートにおける意見は、すべて証拠に基づいていなければならない。単なる感情のぶつけあいでは、議論が深まらないからである。

　ここでいう論題とは、事実、価値、政策についての信念のことである。その論題は、望ましい決定事項の肯定的な言明でなければならない。また、それは、ひとつの論争的な事柄しか述べてはいけない。この論題を受け入れる側が賛成側であり、反対する側が反対側である。そして、提示された論題を支持するかどうかについて、賛成側と反対側が互いに意見を述べあう。

　小学生を対象にしたディベートは、1990年(平成2年)代後半に話題になった。たとえば、不破淳一氏の『「道徳」授業に取り入れたいディベートの論題』は、小学生向けの論題を取り上げていた。不破氏が主張するディベートは、ゆるいルールの「ディベート的活動」、「ディベート的討論」であった。不破氏が主張するディベートは、「二つの考えが対立する状況をつくり出すことによって、対立する二つの考えを調整しながら自分の考えをまとめていくことができるようにする活動」(注11)であった。ディベートの論題は、ひとつの論争的な問題について賛成側と反対側に分かれ、規則に基づいてやり取りをすることである。「二つの考えを調整」することは、ディベートではない。不破氏の論題は論題の要件を満たしていない。本物のディベートとは何かを十分理解していなかったからである。

　中学生や高校生の興味や関心にあった論題としては、身近な問題から、政治、社会、経済的な問題までありうる。身近な問題の例としては、次のものが考えられる。

① 中学校と高校では、学校への携帯電話の持ち込みを禁止すべきである。
② 高等学校の制服を廃止すべきである。
③ すべての喫煙を禁止すべきである。

また、政治、社会、経済的な問題としては、次のようなものがありうる。
① 安楽死は認められるべきである。
② 死刑は廃止すべきである。
③ あき缶とあきびんのデポジット制を導入すべきである。

特に、①の安楽死については、宮田学氏(名古屋大学教育学部　附属中・高等学校教諭、当時)が名古屋大学教育学部附属中学校の3年生を対象にしたディベートを実践している(注12)。次に、中村正志氏(千葉県東金市立北中学校教諭)が、中学校の3年生を対象にして、「尊厳死」をテーマとする「ディベート的討論」を実践している(注13)。②の死刑の廃止については、第2回国際日本語ディベート講座において、モデル・ディベートが大学生によって行われている(注14)。

(3) ディベートの源泉

ディベートは、今から2400年ほど前に、ディベートの父と呼ばれるプロタゴラス (Protagoras、481〜411 B.C.) が、アテネやシシリーで弟子と行ったのが、最初である。その後、アリストテレス (Aristotle、384〜322 B.C.) によって弁論術が体系化され、現代のディベートの基礎を築いた。アリストテレスの弁論術は、修辞学として長い間中世の大学における7自由学科のひとつに加えられていた。

現代になってディベートの思考法に直接的な影響を与えたのが、J・デューイである。いわゆる問題解決法として知られる反省的思考は、民主主義の意思決定の合理的な過程である。反省的思考は探究の方法として定式化されており、次の5つの側面を含んでいる。

「思考することには、次のことが含まれている。(1) 暗示つまり心が可能な解決策をひらめかせること、(2) 解決すべき問題つまり答えが追求されるべき疑問として、感じられた (直接経験された) 困難や当惑を知性的にすること、(3) 事実的な素材を集め

て、観察や他の操作をはじめたり導いたりするための、先導的な観念すなわち仮説として暗示を順に使うこと、(4) 観念または観念としての仮説または仮説を心的に詳しく調べること（つまり、推論のすべてではなく一部としての推理である）、(5) 明白なまたは想像上の行動によって仮説を検証すること。」(注15)

このような反省的思考は、大きく分けて2つの部分——問題を明確にすること、そして解決策としての仮説の設定と検証——から成り立っている。これらは、ディベートにおけるニード（必要性）とプラン（解決策）に相当している。ニード（必要性）は、現状を変革する必要があるかを問うものであり、プラン（解決策）は、その必要性に対応できるのか、あるいは問題を解決できるかを問うものである。したがって、ディベートの思考法の直接的な源泉は、明らかにJ・デューイの反省的思考である。

デューイの反省的思考の背後にある考え方は、一種の認知的な不協和理論であると考えられる。すなわち、反省的思考は、あいまいで不安定な状態を安定した状態にするために存在する。そのために、推論という合理的な方法が用いられている。デューイは、次のように反省的思考の機能を述べている。

「反省的思考の機能は、ある種類の経験された不明瞭さ、疑惑、葛藤、混乱の存在している状況を、明瞭で、整合した、安定した、調和のある状況へと変えることである。」(注16)

デューイにとって、不明瞭さや疑惑を明らかにするために、現状の分析が、不可欠のものとなっている。その不明瞭さや疑惑が、解決すべき問題として定式化されるわけである。

反省的思考は、試行錯誤のやり方と区別され、問題解決法として教育方法のひとつにもなっている。デューイの問題解決法としては、『民主主義と教育』(Democracy and Education) のものが有名である。それは次のようになっている。

「(i) 困惑・混乱・疑惑。それは、情況の完全な性格がまだ決定されていない不完全な情況の中に人がまきこまれていることか

ら起こる。(ⅱ) 推測的予想—与えられているいろいろな要素についての試験的解釈。それは、それらの要素に一定の結果をもたらす傾向があると主張する。(ⅲ) 考究中の問題を限定し明確にするものを、得られる限りすべて、注意深く調査すること(試験、点検、探索、分析)。(ⅳ) その結果起こる試験的仮説の精密化。それによって、その仮説はさらに広い範囲の事実と一致することになるから、それは、さらに正確な、さらに整合的なものになる。(ⅴ) 現存の事態に適用される行動の計画として、案出された仮説に一応立脚してみること。すなわち、予想された結果をもたらそうと、何かを実際におこない、それによって仮説を試すこと。」(注17)

このような反省的思考の段階を経て得られた結果が、知識となる。その知識の価値は、思考において用いられることによって決まる。デューイにとって、思考と同じように知識も、常に修正可能な、完結していないものである。

3 ディベートの教育的意義

ディベートは大別して、実質的なディベートと教育的な又はアカデミックなディベートとがある。実質的なディベートは、実生活にかかわる問題を扱い、主張する人々はそれに対して実際的な関心をもっている。そのディベートは、普通裁判官や聴衆の面前で行われる。そして、その決定事項は拘束力をもち、実行に移されなければならない。実質的なディベートの種類には、司法的、立法的、政治的、哲学的、職業的ディベートが含まれている。司法的ディベートは、法廷で弁護士と検察官が行うやりとりである。立法的ディベートは、国会や県議会などで行われる政策決定の手段である。政治的ディベートは、選挙の時の候補者同士の所信演説であり、アメリカ大統領の候補者がテレビを通しておこなうディベートは、グレート・ディベートと呼ばれている。哲学的ディベートは、形式ばらないものであり、教室や町中など場所を選ばず、どこででもなされる。勝ち負けよりも、相互の理解が目標とされる。職業的ディベートは、

セールスをする時に行われている。

　道徳の時間において実践しようとするディベートは、このような実質的なディベートではない。実践するのは、教育的なディベートであり、主に生徒を知的に訓練するために行う。その決定事項に、拘束力は存在しない。教育的なディベートは、実質的なディベートをするための準備という性格も持っている。このような教育的ディベートは、特にアメリカやイギリスで盛んであり、猿谷要氏によれば、「米国では中学時代から授業にディベートの時間がある」(注18)くらいである。

　さて、ディベートの意義として、どのようなことが挙げられるだろうか。それを知るために、まず教育的なディベートの目標を考えてみよう。たとえば、A・クルーガー(A.Kruger)は、次のように述べている。

　　「アカデミックなディベートの主な目標は、論証の道具において生徒を訓練することであり、論理的な議論を構成するやり方を生徒に訓練することであり、他の人の論証における論理的な例から弱点や陥穽を見つけることである。ここで用いられている議論とは、結論とそれを信じる理由を含んでいる一種の論述である。」(注19)

　クルーガーによれば、教育的なディベートの目標は、生徒に論証の道具を獲得させることである。この論証の道具が、論理的な思考訓練の道具となる。論証は、主としてひとつの主張の論理的な証明にかかわっており、最小の単位は、ひとつの結論とひとつの理由である。もしそうなら、ディベートは論理学の研究と非常に似てくる。両方とも、論理的思考を重んじることは、否定できない。しかし、ひとつの大きなちがいがある。論理学は、形式的なものしか扱わない。一方、ディベートでは、実際の生活にかかわった問題を取り上げ、その問題を解決するために論理を適用する。

　ディベートの意義は、既に前述の教育的なディベートの目標に一部示されている。すなわち、ディベートの意義は、論理的思考能力

の育成と言語能力の育成にある。クルーガーの規定は、前者の論理的思考能力を生徒に獲得させようとするものである。

　論理的思考能力を育成することは、具体的には次のことを意味している。ディベートにおいては、まず論題として取り上げる問題を含んでいる現状を分析しなければならない。その時、かかわりのある諸概念を発見し、組織化するわけである。どの概念を取捨選択するかについて、生徒は考えなければならない。取り上げる諸概念は、互いに関係づけられる必要があり、推論もしなければならない。また、主張するためには、証拠を収集し、諸概念を組み合わせて、証明する必要がある。そうすることによって、論題として取り上げる問題、特に社会、政治、経済的問題に対する理解が深まっていく。

　次に、言語能力を育成することは、具体的には次のことを意味している。ディベートにおいては、前もって準備した内容を明晰な言語によって主張しなければならない。あいまいな表現や感情的な表現は、極力避けるべきである。明晰でわかりやすい表現をすることが、論理的思考能力の育成にもつながっていくからである。また、聴衆にわかるように話さないと、議論に負けることになるからである。人前で話すことは、もちろん話し方の訓練にもなるが、それ以上に自分の主張したいことを決められた時間内で、要約したり説明したりする訓練にもなる。ディベートでは、前もって準備した内容をただ読みあげるだけではいけない。相手側の言うことをよく聞いて、それに対して即座に応答するという柔軟性も必要なのである。当然のことながら、相手の言うことや自分の言いたいことをメモにとるという作業にも、慣れておかなければならない。

　このように、ディベートの意義は、論理的思考能力の育成と言語能力の育成にある。道徳教育は、特に論理的思考能力と深くかかわっている。道徳教育における道徳的判断力の育成の中身は、この論理的思考能力の育成なのである。

　参考までに、ディベートの意義をA・フリーリー（A.Freeley）に従って、見てみよう。

1. ディベートは、自由社会に参加するための準備を与える。
2. ディベートは、リーダーシップの準備を与える。
3. ディベートは、論証における訓練を与える。
4. ディベートは、現代の有意義な問題の探究と広範な分析を与える。
5. ディベートは、批判的思考における熟練さを発達させる。
6. ディベートは、知識の統合者である。
7. ディベートは、目的的な探究における熟練さを発達させる。
8. ディベートは、密度の濃い教授を強調する。
9. ディベートは、生徒の学業を奨励する。
10. ディベートは、成熟した判断を奨励する。
11. ディベートは、勇気を発達させる。
12. ディベートは、効果的なスピーチの構成と話し方を奨励する。
13. ディベートは、社会的な成熟さを発達させる(注20)。

4 道徳教育とディベート

　道徳教育になぜディベートを導入するか、理由を考えてみよう。中学校における現行の道徳教育は、「中学校学習指導要領」が準拠枠となっている。そこで、ディベートを『中学校学習指導要領』の目標と内容に関連づけてみよう。
　まず、「中学校学習指導要領」によれば、「第3章特別の教科 道徳 第1目標」は、次のように規定されていた。
　　「第1章総則の第1の2に示す道徳教育の目標に基づき、よりよく生きるための基盤となる道徳性を養うため、道徳的諸価値についての理解を基に、自己を見つめ、物事を広い視野から多面的・多角的に考え、人間としての生き方についての考えを深める学習を通して、道徳的な判断力、心情、実践意欲と態度を育てる。」
　ディベートの意義のひとつは、論理的思考能力の育成であった。その思考能力の育成が、「道徳的な判断力」を高めることにつながっていく。なぜなら、論題として扱う問題は、たいていの場合善悪に

かかわっているからである。よい、わるいの判断の必要がない問題は、ありそうにもない。この時、「道徳的な判断力」は、「それぞれの場面において善悪を判断する能力であり、人間として望ましい生き方をしていくための最も基本的な能力」を意味している。この「善悪を判断する能力」は、ディベートによって育成されるだろう。

次に、道徳の時間に学ぶべき内容のいくつかは、ディベートを実践することによって習得できる。「中学校学習指導要領 第3章特別の教科 道徳第 2内容」に示された内容の中で、次の項目は、ディベートと直接関連している。

「A 主として自分自身に関すること
［自主、自律、自由と責任］
　自律の精神を重んじ、自主的に考え、判断し、誠実に実行してその結果に 責任をもつこと。
［向上心、個性の伸長］
　自己を見つめ、自己の向上を図るとともに、個性を伸ばして充実した生き方を追求すること。
［希望と勇気、克己と強い意志］
　より高い目標を設定し、その達成を目指し、希望と勇気をもち、困難や失敗を乗り越えて着実にやり遂げること。
［真理の探究、創造］
　真実を大切にし、真理を探究して新しいものを生み出そうと努めること。
B 主として人との関わりに関すること
［礼儀］
　礼儀の意義を理解し、時と場に応じた適切な言動をとること。
［友情、信頼］
　友情の尊さを理解して心から信頼できる友達をもち、互いに励まし合い、 高め合うとともに、異性についての理解を深め、悩みや葛藤も経験しながら 人間関係を深めていくこと。
［相互理解、寛容］

自分の考えや意見を相手に伝えるとともに、それぞれの個性や立場を尊重し、いろいろなものの見方や考え方があることを理解し、寛容の心をもって謙虚に他に学び、自らを高めていくこと。」
　この中の［自主、自律、自由と責任］について、「自主的に考え、判断し、誠実に実行」することは、ディベートを通して学習できる。［向上心、個性の伸長］について、「自己の向上を図る」ことは、「道徳的な判断力」を高めることによって可能になる。［真理の探究、創造］について、論題を突き詰めて考えると、最終的には、真実に至る。［礼儀］については、相手側の主張は攻撃するが、人格を攻撃してはいけない。礼儀正しく、ルールを守ってディベートを実施する。正式なディベートにおいては、男子ならネクタイをつけ、上着を着ることがエチケットとなっている。ただし、小・中学生によるディベートでは、服装は考慮しなくてもよいだろう。［友情、信頼］については、チーム・ワークが育成される。ディベートを実践するときには、ひとりではなく数人でチームを作って、準備する。ディベートは、賛成側と反対側それぞれ2人から5人で行っているが、学級の実情に応じて、チームの人数を決めればよい。そのチームの中で、友情が育成される。ディベートを通して、自分の側の生徒とはもちろん、相手側の生徒とも、友情を持つようになる。［相互理解、寛容］については、相手側の言うことをしっかり聞き、その内容を十分理解することから始まる。ディベートは賛成側と反対側に分かれて議論をやりとりするので、相手側を無視することはできない。もし一方が相手側の主張を無視したら、自らの無能力を認めたことになり、相手側に負けることになるだろう。

5　アクティブ・ラーニングとディベート

　アクティブ・ラーニングとは何か。中央教育審議会教育課程企画特別部会の「論点整理」によれば、アクティブ・ラーニングとは、「課題の発見・解決に向けた主体的・協働的な学び」(注21)である。「補足資料」では、学習指導要領改訂の視点として、「アクティブ・

ラーニングの視点からの 不断の授業改善」を求めている。具体的には、次の3点が示されている。
　「ⅰ）習得・活用・探究という学習プロセスの中で、問題発見・解決を念頭に置いた深い学びの過程が実現できているかどうか
　ⅱ）他者との協働や外界との相互作用を通じて、自らの考えを広げ深める、対話的な学びの過程が実現できているかどうか
　ⅲ）子供たちが見通しを持って粘り強く取り組み、自らの学習活動を振り返って次につなげる、主体的な学びの過程が実現できているかどうか」(注22)
　アクティブ・ラーニングは大学の授業改善から出発し、小・中・高校の授業改善に広がっていったと理解できる。アクティブ・ラーニングは従来の問題解決学習を発展させ、「主体的・協働的な学び」を児童・生徒に獲得させようとするものである。
　アクティブ・ラーニングは、小・中・高校の教育活動の全体を通して実践すべきである。もともとは、「総合的な学習の時間」において行われてきた、テーマを設定し、調査を実施し、調査の結果をまとめて、クラスで発表するという手順と似ている。
　道徳科も学校の教育活動の一部なので、このアクティブ・ラーニングを推し進めることになる。ディベートでは、論題を設定し、エビデンスを調査し、自らの立場の主張を組み立て、聴衆の前でやり取りを行う。ディベートも「課題の発見・解決に向けた主体的・協働的な学び」のひとつと位置付けることができる。
　道徳科の指導方法のひとつとして、ディベートを取り入れようとする動きがある。たとえば、柳沼良太氏(編著)の『子どもが考え、議論する問題解決型の道徳授業事例集　中学校』では、問題解決型の道徳授業にディベートを取り入れることが、次のように奨励されている。
　「高学年における問題解決型の道徳授業では、単に話し合う(ディスカッション)だけではなく、ある公的な問題について異なる立場に分かれて討論(ディベート)することも有意義である。

特に、今日的課題(脳死問題を考える生命倫理や、持続可能社会の可能性を問う環境倫理など)において答えが1つではない場合、答えが判然としない場合などは、生徒たちなりに情報を集め、整理し、発表し合うことも推奨される。
　正式な討論をする場合は、2時間扱いとして後半の授業に行ったほうがよいが、短い討論の場合は、展開後段に組み込んで道徳的テーマを掘り下げるようにする。この点では、本書の『きまりを考える』を参照のこと。
　討論をする場合、説得力を競い合う形で勝ち負けにこだわることも多いが、道徳授業の場合は勝敗ではなく、できるだけお互いが納得できる考え(納得解)を見いだせるように努める。」(注23)
　小学校の場合、「生徒たち」が「子供たち」に、事例の「きまりを考える」が「田中正造」に変更されている(注24)。
　この説明については、2つを指摘できる。第1に、「討論(ディベート)」という表記は、間違っている。「討論」はディスカッションのことであり、ディベートの訳語として、適切ではない。
　第2に、「お互いが納得できる考え(納得解)を見いだせるように努める」ことは、ディベートがなすべき範囲を超えている。ディベートは、審判又は生徒が勝ち負けを決めたら、そこで終わる。ディベートを拡大解釈してはいけない。
　「きまりを考える」についての説明の中には、試合形式のディベートが取り入れられていないが、妻の父の臨終に間に合わせるために、スピード違反をするかどうかについて、ディベートの手法を活用している。法やきまりはどんな場合でも守るべきかどうかを、生徒に考えさせている。
　「田中正造」についての説明の中にも、試合形式のディベートが取り入れられていないが、田中正造は天皇に直訴すべだったのかについて議論する過程を評価している。
　ディベートは、児童・生徒の「主体的・協働的な学び」のひとつであるが、ディベートとは何か、ディベートのルールは何かを知ら

なければ、本物のディベートを実施することができない。教師も、自ら「主体的・協働的学び」を実行して、ディベートへの理解を深めてほしい。

　ディベートをどのようにして道徳の授業に取り入れ、進めていくかについては、さらに研究の余地がある。ディベートを道徳授業に取り入れることによって、児童・生徒の積極的な参加を期待したい。

注
(1) 小沢宣弘、金井肇、『改訂中学校学習指導要領の展開・道徳編』（明治図書、1982年）120－121ページ。
(2) 以下は、下記をまとめたものである。
　　文部省、『中学校指導書・道徳編』（大蔵省印刷局、1978年）55－60ページ。
　　青木孝頼・金井肇・佐藤俊夫・村上敏治（編）『新道徳教育事典』（第一法規、1982年）113－158ページ。
(3) 青木孝頼他『新道徳教育事典』同上、127ページ。
(4) 詳しくは、下記の論文を参照。
　　田浦武雄・酒井ツギ子・佐藤由起子、「現代における価値教育論の比較研究（その一）」（名古屋大学教育学部紀要－教育学科第29巻、1982年度）2－5ページ。
(5) 文部科学省、「道徳教育に係る評価等の在り方に関する専門家会議（第6回）　配付資料」
　　http://www.mext.go.jp/b_menu/shingi/chousa/shotou/111/shiryo/1365876.htm　2ページ。(2016年(平成28年)7月25日閲覧)
(6) 同上、5ページ。
(7) 松本道弘、『知的対決の論理──日本人にディベートができるか』（朝日出版社、1975年）iiiページ。
　　また、下記も参照。
　　松本道弘、『知的対決の方法──討論に勝つためには』（産業能

率短期大学出版部、1977年)
(8) H.E.Gulley and P. R.Biddle, Essentials of Debate, (Holt, Rinehart and Winston,1972)
邦訳、H.E.ガリー、P.R.ビドル、松本道弘訳、『ディベートの方法──討論・論争のルールと技術』(産業能率短期大学出版部、1978年)
(9) A.Freeley, Argumentation and Debate: Rational Decision Making. Fourth Edition, (Wadsworth Pu. Co.,1976) p.1.
(10) D.W.Kloph,,and J. C..McCroskey, The Elements of Debate, (ARC0,1969) p.10.
(11) 不破淳一、『「道徳」授業に取り入れたいディベートの論題』(明治図書、1997年)まえがき 1 ページ。
(12) 宮田学、「特設道徳における『ディベート』の導入」(名古屋大学教育学部附属中・高等学校紀要 第24集、1979年) 9－17 ページ。
(13) 諸富祥彦(編著)、『道徳授業の新しいアプローチ10』(明治図書、2015年)(初版は2005年)107－115ページ。
(14) 井上奈良彦・蓮見二郎・諏訪昭宏(編)、『ディベート教育の展望』(花書院、2015年)162－180ページ。
(15) J.Dewey,How We Think, (Henry Regnery Co.,1971) p.107.
(16) ibid. pp.100－101.
(17) J.Dewey,Democracy and Education, 1916.
邦訳、J.デューイ、松野安男訳、『民主主義と教育（上）』(岩波書店、1980年) 239－240ページ。訳語は一部修正した。
(18) 中日新聞、1983年(昭和58年)7月9日。
(19) A.Kruger,Modern Debate : lts Logic and Strategy, (McGraw-Hi11,1960) p.5,
(20) A.Freeley, Argumentation and Debate, op.cit. pp.20－27.
(21) 文部科学省、「中央教育審議会 教育課程企画特別部会における論点整理について（報告)、『論点整理』」17 ページ。

http://www.mext.go.jp/b_menu/shingi/chukyo/chukyo3/053/
　　　sonota/1361117.htm　(2016年(平成28年)7月25日閲覧)
(22)　同上、18ページ。
(23)　柳沼良太(編著)、『子どもが考え、議論する問題解決型の道徳授業事例集　中学校』(図書文化、2016年)37ページ。
(24)　柳沼良太(編著)、『子どもが考え、議論する問題解決型の道徳授業事例集　小学校』(図書文化、2016年)37ページ。

あとがき

本書に収録された論文の初出は、次の通りである。
第1章 小・中・高等学校の道徳教育
　「小・中・高校の道徳教育」名古屋経済大学人文科学論集　第84号 2009年10月31日
第2章 道徳の教科化の課題
　「道徳の教科化の課題」名古屋経済大学人文科学論集　第93号　2014年3月31日
第3章 L・コールバーグの道徳教育論
　「コールバーグの道徳教育論」名古屋経済大学・市邨学園短期大学人文科学論集　第57号　1996年2月15日
第4章 価値の明確化の方法
　「価値の教育」名古屋経済大学・市邨学園短期大学人文科学論集　第42号　1988年7月
第5章 T・リコーナの人格教育
　「T・リコーナの人格教育論」名古屋経済大学人文科学論集　第79号　2007年3月31日
第6章 人格教育批判
　「人格教育批判」名古屋経済大学人文科学論集　第80号　2007年7月31日
第7章 道徳のジレンマ授業批判
　「モラル・ジレンマによる道徳教育」名古屋経済大学経済学部創立20周年記念論集　2000年3月25日
第8章 小・中・高等学校における道徳の指導法
　「道徳の指導法―倫理観の醸成をはかる教材分析」名古屋経済大学人文科学論集　第94号　2015年2月28日
第9章 ディベートによる道徳教育
　「道徳教育の方法」名古屋経済大学・市邨学園短期大学人文科学論集　第34号　1983年12月

第8章は、石村由利子氏（愛知県立大学教授、当時）との共著論文なので、石村氏の了承を得た上で二宮金次郎の部分を抜粋したが、新たに杉原千畝の命のビザとトルコ軍艦エルトゥールル号の遭難の部分を追加した。
　本書に収録した論文については、加除修正を加え、新しい法律などに対応した。
　本書が道徳教育に関心のある人々に役立てば、幸いである。

平成28年9月

著　者

著 者

　伊藤　利明(いとう　としあき)　　　博士(教育学)

現 在

　名古屋産業大学教授
　名古屋経済大学、関西福祉科学大学を経て、現職

著 書

　『教育学の展開』(中部日本教育文化会、2013年)
　『生涯学習の理論』(中部日本教育文化会、2015年)
　『乳幼児の教育』(中部日本教育文化会、2016年)

現代の道徳教育

2016年9月15日　初版発行
2020年9月15日　第2刷発行

　　著　者　伊藤利明
　　発行者　恒川順継
　　発行所　㈱中部日本教育文化会
　　　　　　〒465-0088　名古屋市名東区名東本町177
　　　　　　TEL〈052〉782-2323
　　　　　　FAX〈052〉782-8172

ISBN978-4-88521-907-8